浪花朵朵

FIRST THOUSAND WORDS IN CHINESE

基础汉语1000词

[英] 希瑟·埃默里(Heather Amery) 著
[英] 斯蒂芬·卡特赖特(Stephen Cartwright) 绘
顾晓军 译

斯蒂芬·卡特赖特在三十多年前创作出了经典的卡通形象——小黄鸭，它的首次露面就是在《基础英语1000词》里！至今，小黄鸭已经出现在超过125本书中，涉及七十多种语言。大人孩子都喜欢它，全球读者达上千万。本书是《基础英语1000词》的汉译版。

About this book
关于本书

这本图片单词书适合不同年龄的孩子使用，有不同的使用方法。本版已经更新，书中的词汇和场景贴近日常生活，每个词语上面都标注了汉语拼音。

yán liào
颜料

píng · zi
瓶子

指导年龄稍大的孩子看图识读

对于年龄稍大点儿的孩子来说，本书可以用于早期自主看图识读，对于不认识的字词，可以根据上面的汉语拼音自主认知，看图识物，积累词汇。

yú gāng
鱼缸

帮助年龄较小的孩子累积词汇

对于年龄较小的孩子来说，这种学习认知事物的方法有效，有趣味。大图提供很多学习机会和乐趣，孩子可以从中寻找与周围相对应的小图，并且可以与家长一起讨论场景中的各种事情。

zhí shēng jī
直升机

使用词汇表

书后附有按音序排列的词汇表，可用于鼓励孩子学会利用词汇表到相应页码和相应的图查词，这是一项重要的技能，会帮助孩子使用简单的信息类书籍和词典。

pīn tú wán jù
拼图玩具

记住，这本书中有 1000 个词语，小读者可以反复查阅，不断学习。加油!

qiǎo kè lì
巧克力

zài jiā
在家

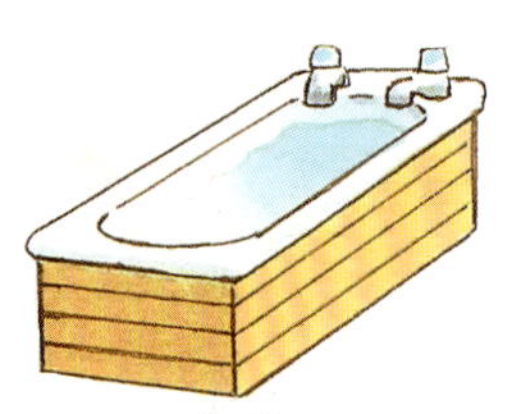
yù gāng
浴缸

féi zào
肥皂

shuǐ lóng tóu
水龙头

shǒu zhǐ
手纸

yá shuā
牙刷

shuǐ
水

mǎ tǒng
马桶

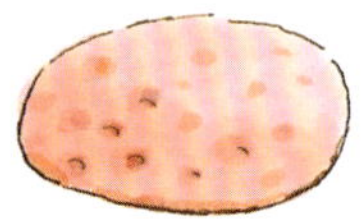
hǎi mián
海绵

xǐ shǒu chí
洗手池

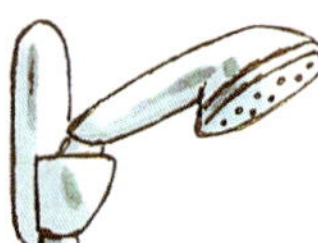
lín yù
淋浴

máo jīn
毛巾

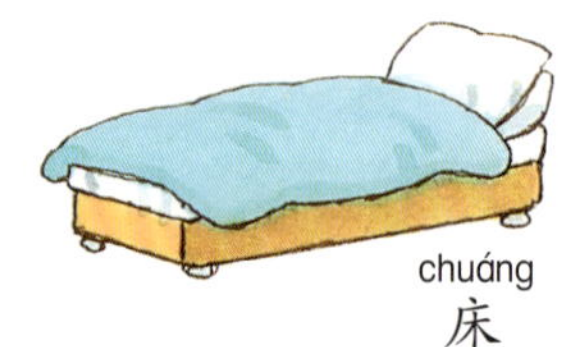
chuáng
床

yù shì
浴室

kè tīng
客厅

yá gāo
牙膏

shōu yīn jī
收音机

diàn · zi
垫子

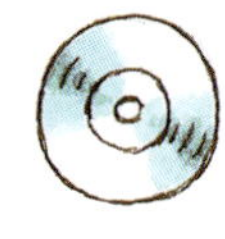
shù zì guāng pán
数字光盘

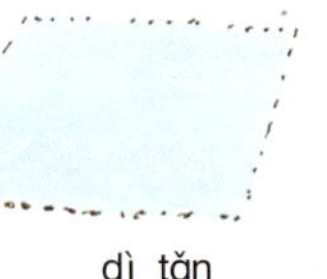
dì tǎn
地毯

shā fā
沙发

yǐ · zi
椅子

yǔ róng bèi
羽绒被

shū · zi
梳子

chuáng dān
床单

xiǎo dì tǎn
小地毯

yī guì
衣柜

diàn shì
电视

chōu tì guì
抽屉柜

wò shì
卧室

jìng · zi
镜子

shuā · zi
刷子

dēng
灯

mén tīng
门厅

tú piàn
图片

guà yī gōu
挂衣钩

diàn huà
电话

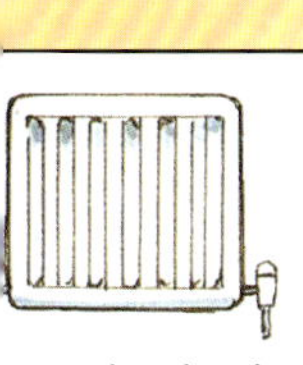

sàn rè qì
散热器

shuǐ guǒ
水果

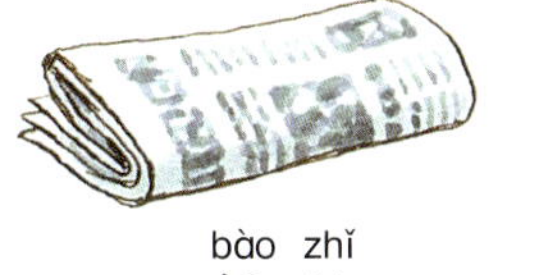

bào zhǐ
报纸

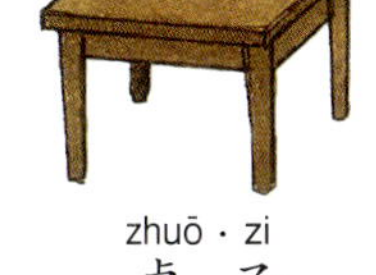

zhuō · zi
桌子

xìn
信

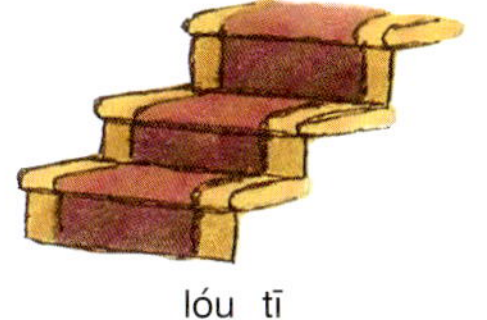

lóu tī
楼梯

chú fáng
厨房

shuǐ chí
水池

bīng xiāng
冰箱

bō · li bēi
玻璃杯

shí zhōng
时钟

dèng · zi
凳子

chá chí
茶匙

kāi guān
开关

xǐ yī fěn
洗衣粉

yào · shi
钥匙

mén
门

xī chén qì
吸尘器

guō
锅

chā · zi
叉子

wéi · qún
围裙

yùn yī bǎn
熨衣板

lā jī
垃圾

shuǐ hú
水壶

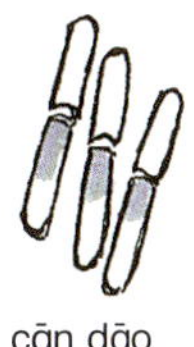
cān dāo
餐刀

tuō bǎ
拖把

mā bù
抹布

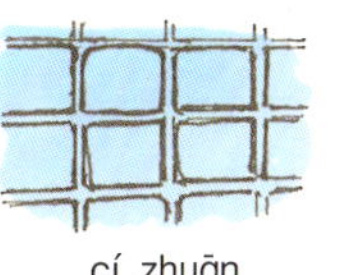
cí zhuān
瓷砖

sào · zhou
扫帚

xǐ yī jī
洗衣机

bò · ji
簸箕

chōu · ti
抽屉

dié · zi
碟子

jiān guō
煎锅

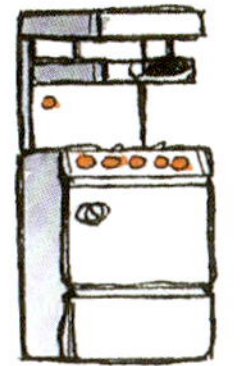
zào jù
灶具

sháo · zi
勺子

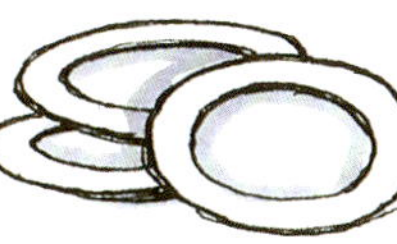
pán · zi
盘子

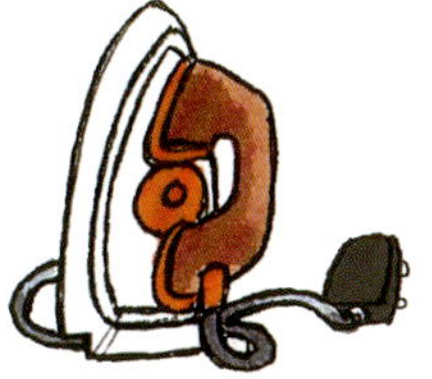
yùn dǒu
熨斗

chú guì
橱柜

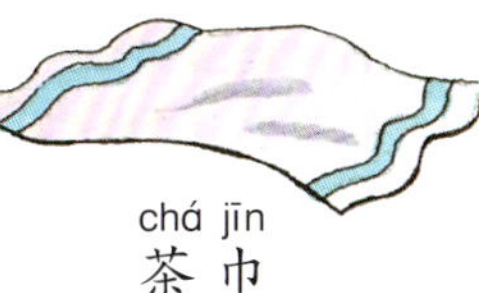
chá jīn
茶巾

bēi · zi
杯子

huǒ chái
火柴

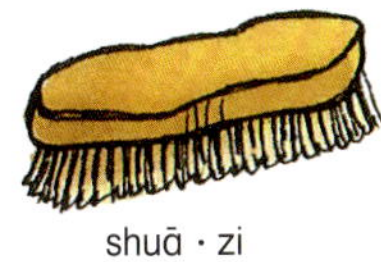
shuā · zi
刷子

wǎn
碗

huā yuán

花园

pēn hú
喷壶

shǒu tuī chē
手推车

fēng wō
蜂窝

wō niú
蜗牛

zhuān kuài
砖 块

gē · zi
鸽 子

tiě qiāo
铁锹

piáo chóng
瓢 虫

lā jī xiāng
垃圾箱

zhǒng · zi
种 子

gōng péng
工 棚

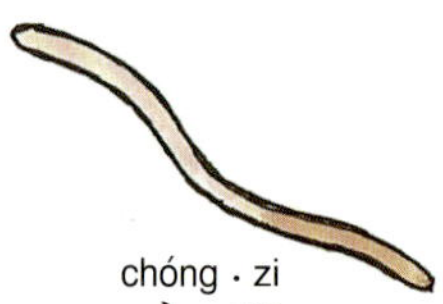

chóng · zi
虫 子

huā
花

pēn shuǐ qì
喷水器

chú · tou
锄 头

huáng fēng
黄 蜂

mì fēng
蜜蜂
ní chǎn
泥铲
gǔ · tou
骨头
shù lí
树篱
yuán yì chā
园艺叉
gē cǎo jī
割草机
xiǎo lù
小路
shù yè
树叶
shù
树
yān
烟
máo · mao chóng
毛毛虫
pá · zi
耙子
niǎo cháo
鸟巢
gùn · zi
棍子
cǎo
草
yīng ér chē
婴儿车
shū cài
蔬菜
gōu huǒ
篝火
shuǐ guǎn
水管
wēn shì
温室

chē jiān
车间

tái qián
台钳

luó sī dīng
螺丝钉

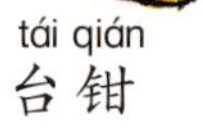

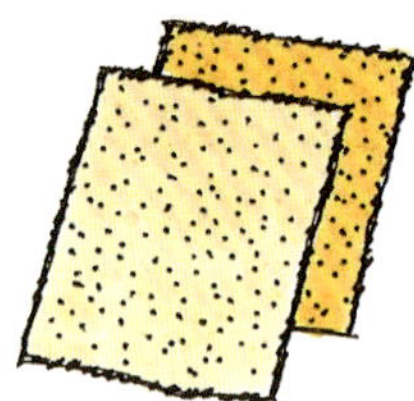

shā zhǐ
砂纸

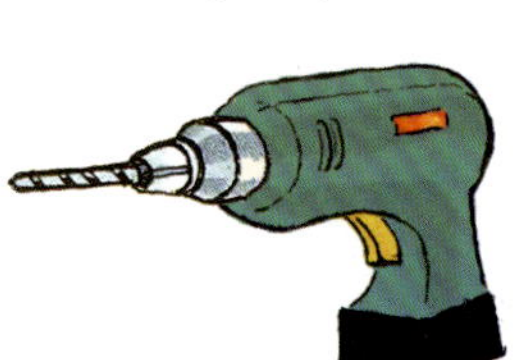

zuān kǒng jī
钻孔机

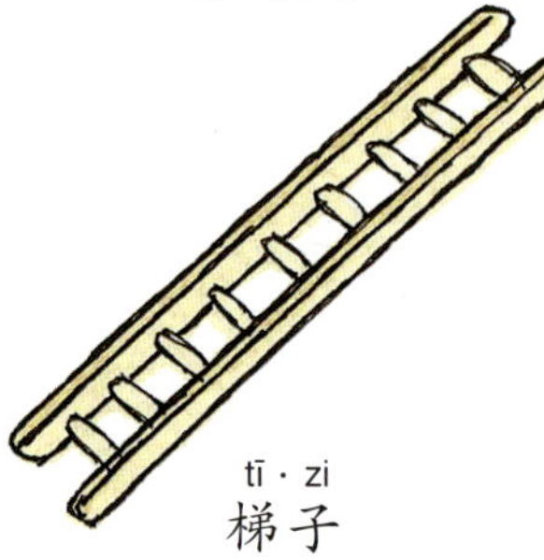

tī · zi
梯子

jù
锯

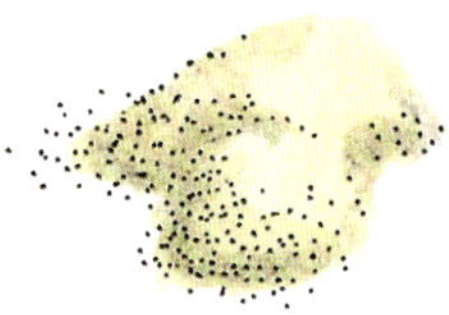

jù mò
锯末

rì lì
日历

gōng jù xiāng
工具箱

luó sī dāo
螺丝刀

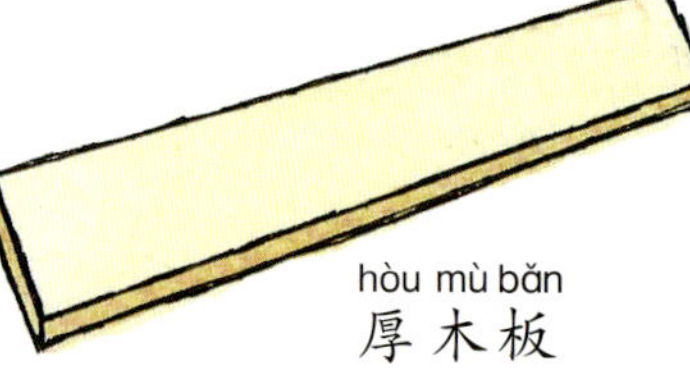

hòu mù bǎn
厚木板

bào huā
刨花

zhé dāo
折刀

dà tóu dīng
大头钉

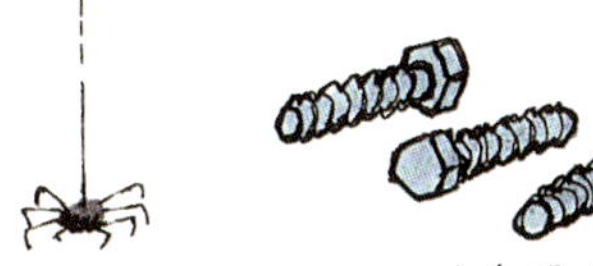
zhī zhū
蜘蛛

luó sī dīng
螺丝钉

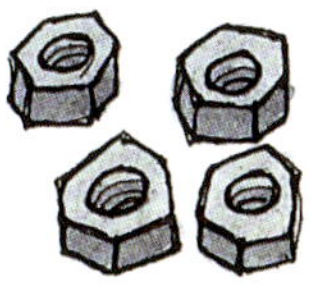

luó mǔ
螺母

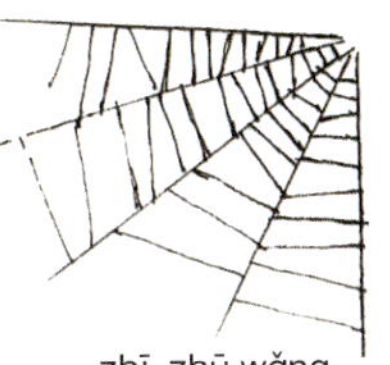
zhī zhū wǎng
蜘蛛网

tǒng
桶

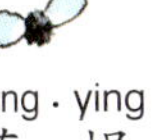
cāng · ying
苍蝇

fǔ · tóu
斧头

juǎn chǐ
卷尺

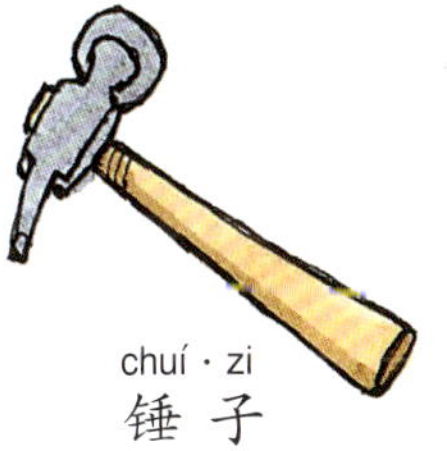
chuí · zi
锤子

cuò dāo
锉刀

yóu qī tǒng
油漆桶

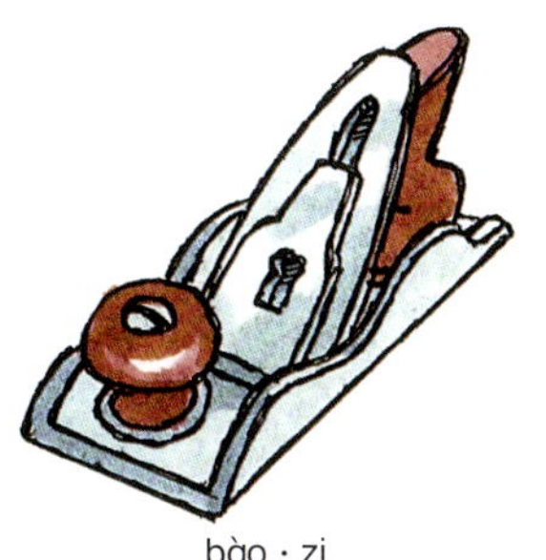
bào · zi
刨子

mù · tou
木头

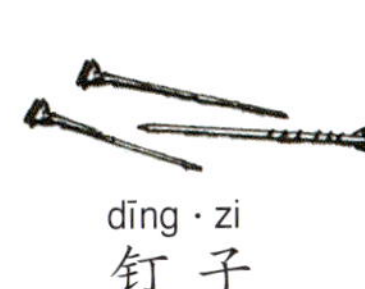
dīng · zi
钉子

gōng zuò tái
工作台

guàn · zi
罐子

jiē dào

街道

gōng gòng qì chē
公 共汽车

shāng diàn
商 店

dòng
洞

kā fēi guǎn
咖啡馆

jiù hù chē
救护车

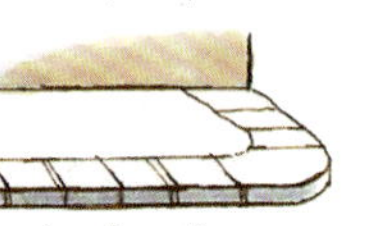

rén xíng dào
人 行 道

diāo xiàng
雕 像

yān cōng
烟 囱

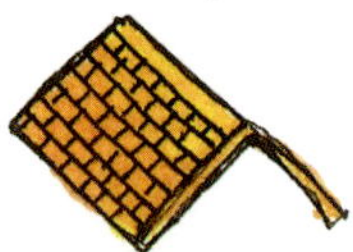

wū dǐng
屋 顶

wā jué jī
挖掘机

lǚ guǎn
旅 馆

nán rén
男 人

jǐng chē
警 车

guǎn · zi
管 子

zuān kǒng jī
钻 孔 机

xué xiào
学 校

yùn dòng chǎng
运 动 场

chū zū chē
出租车

rén xíng héng dào
人行横道

gōng chǎng
工 厂

kǎ chē
卡车

hóng lǜ dēng
红绿灯

diàn yǐng yuàn
电影院

huò chē
货车

yā lù jī
压路机

tuō chē
拖车

fáng · zi
房子

shì chǎng
市 场

tái jiē
台阶

mó tuō chē
摩托车

zì xíng chē
自行车

xiāo fáng chē
消防车

jǐng chá
警察

qì chē
汽车

nǚ rén
女人

dēng zhù
灯柱

gōng yù
公寓

wán jù diàn

玩具店

huǒ chē wán jù zǔ hé
火车玩具组合

kǒu qín
口琴

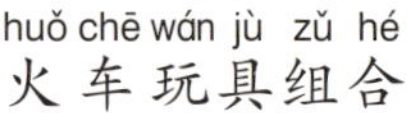

shǎi · zi
色子

shù dí
竖笛

jī qì rén
机器人

xiàng liàn
项链

zhào xiàng jī
照相机

zhū · zi
珠子

yáng wá · wa
洋娃娃

jí tā
吉他

jiè · zhi
戒指

wá · wa wū
娃娃屋

shào · zi
哨子

jī mù
积木

chéng bǎo
城堡

qián shuǐ tǐng
潜水艇

xiǎo hào
小号

jiàn
箭

gōng
弓
jiàng luò sǎn
降落伞
xiǎo chuán
小船
miàn bù yóu cǎi
面部油彩
yā lù jī
压路机
miàn jù
面具
sài chē
赛车
yáo yáo mù mǎ
摇摇木马
qián xiāng
钱箱
dàn · zǐ
弹子
mù ǒu
木偶
gāng qín
钢琴
yǔ háng yuán
宇航员
qǐ zhòng jī
起重机
zhǐ pái
纸牌
gǔ
鼓
shì bīng
士兵
yán liào
颜料
huǒ jiàn
火箭

gōng yuán
公园

qiū qiān
秋 千

cháng yǐ
长 椅

shā kēng
沙 坑

yě cān
野 餐

fēng · zheng
风 筝

bīng jī líng
冰 激 凌

gǒu
狗

dà mén
大 门

xiǎo lù
小 路

qīng wā
青 蛙

huá tī
滑 梯

kē dǒu
蝌 蚪

hú
湖

hàn bīng xié
旱 冰 鞋

guàn mù
灌 木

yīng ér
婴儿

huá bǎn
滑板

ní tǔ
泥土

tóng chē
童车

qiāo qiāo bǎn
跷跷板

hái · zi
孩子

sān lún jiǎo tà chē
三轮脚踏车

niǎo
鸟

lán gān
栏杆

qiú
球

fān chuán
帆船

xiàn
线

shuǐ kēng
水坑

xiǎo yā · zi
小鸭子

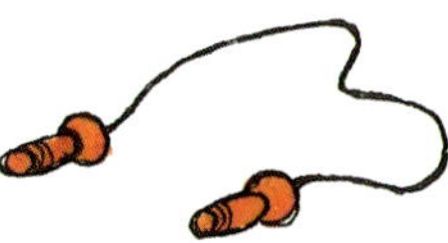
tiào shéng
跳绳

shù
树

huā pǔ
花圃

tiān é
天鹅

qiān gǒu dài
牵狗带

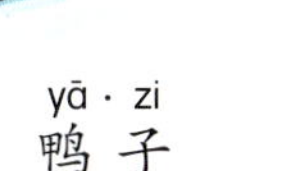
yā · zi
鸭子

dòng wù
动物

xióng māo
熊 猫
chì bǎng
翅 膀
yīng
鹰
hé mǎ
河马
biān fú
蝙蝠
dà xīng · xing
大猩 猩
zhuǎ · zi
爪 子
dài shǔ
袋鼠
hóu · zi
猴 子
bīng shān
冰 山
qǐ é
企鹅
wěi · ba
尾 巴
láng
狼
yǔ máo
羽毛
è yú
鳄鱼
xióng
熊
tí hú
鹈鹕
tuó niǎo
鸵 鸟
hǎi tún
海豚
shī · zi
狮 子
yòu shī
幼 狮
cháng jǐng lù
长 颈鹿

lù
鹿
luò · tuo
骆驼
hǎi bào
海豹
běi jí xióng
北极熊
guī
龟
xiàng bí
象鼻
dà xiàng
大象
xī niú
犀牛
yě niú
野牛
jiǎo
角
hé lí
河狸
bān mǎ
斑马
shān yáng
山羊
shé
蛇
shā yú
鲨鱼
jīng
鲸
lǎo hǔ
老虎
bào
豹

lǚ xíng

旅行

tiě guǐ
铁轨

huǒ chē tóu
火车头

huǎn chōng qì
缓冲器

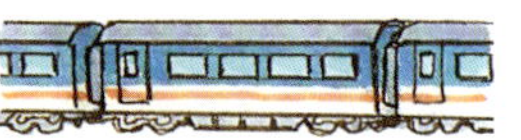

chē xiāng
车厢

huǒ chē sī jī
火车司机

huò yùn liè chē
货运列车

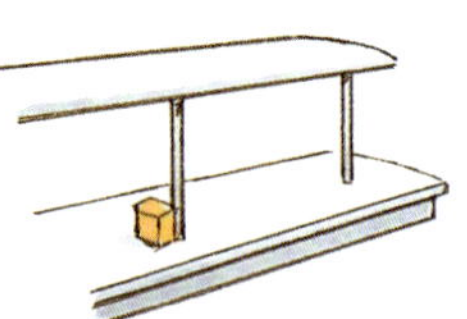

yuè tái
月台

jiǎn piào yuán
检票员

shǒu tí xiāng
手提箱

shòu piào jī
售票机

huǒ chē zhàn

火车站

xiū chē chǎng

修车厂

xìn hào dēng
信号灯

bēi bāo
背包

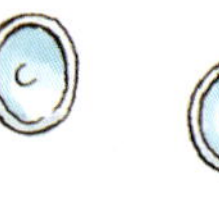

qián chē dēng
前车灯

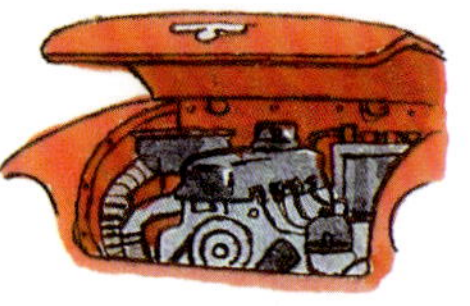

fā dòng jī
发动机

chē lún
车轮

diàn chí
电池

fēi jī
飞机
zhí shēng jī
直升机
fēi jī pǎo dào
飞机跑道
zhǐ huī tǎ
指挥塔
fēi jī chǎng
飞机场
kōng zhōng chéng wù yuán
空中乘务员
fēi xíng yuán
飞行员
xǐ chē chǎng
洗车场
洗车
xíng · li xiāng
行李箱
qì yóu
汽油
jiù xiǎn gōng chéng chē
救险工程车
yóu guàn chē
油罐车
bān · shou
扳手
lún tāi
轮胎
fā dòng jī gài
发动机盖
yóu
油
jiā yóu bèng
加油泵

fēng chē
风 车

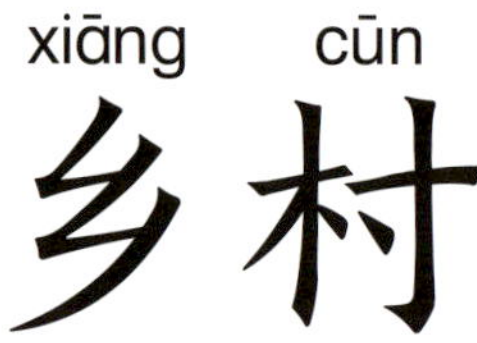

xiāng cūn 乡村

shān
山

rè qì qiú
热 气 球

hú dié
蝴 蝶

xī yì
蜥 蜴

shí · tou
石 头

hú · li
狐 狸

xiǎo xī
小 溪

lù biāo
路 标

cì · wei
刺 猬

shuǐ zhá
水 闸

sōng shǔ
松 鼠

sēn lín
森 林

huān
獾

hé
河

lù
路

zhàng · peng
帐 篷
yùn hé
运河
mù liào
木料
cūn zhuāng
村 庄
fēi é
飞蛾
qiáo
桥
bó chuán
驳 船
pù bù
瀑布
māo tóu yīng
猫 头 鹰
suì dào
隧道
xiǎo hú · li
小狐 狸
yǎn shǔ
鼹 鼠
yú fū
渔夫
yán shí
岩石
chán chú
蟾 蜍
huǒ chē
火 车
dà péng chē
大篷车
xiǎo shān
小 山

nóng chǎng
农场

gān cǎo duò
干草垛

gōng jī
公鸡

mù yáng quǎn
牧羊犬

yáng gāo
羊羔

chí táng
池塘

xiǎo jī
小鸡

gān cǎo cāng
干草仓

zhū juàn
猪圈

gōng niú
公牛

jī shè
鸡舍

tuō lā jī
拖拉机

é
鹅

guàn chē
罐车

gǔ cāng
谷仓

ní
泥

shǒu tuī chē
手推车

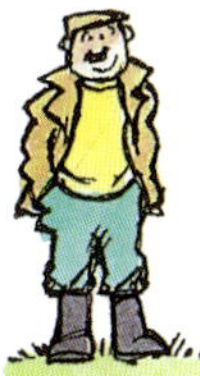
nóng mín
农 民

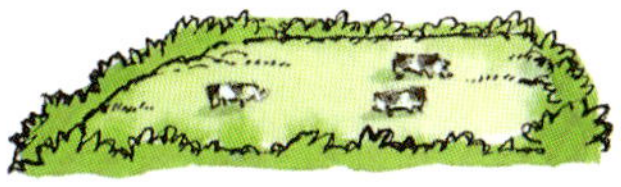
tián yě
田野

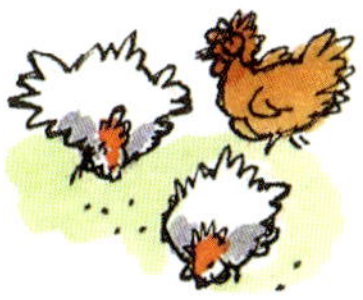
mǔ jī
母鸡

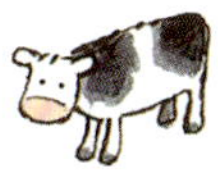
xiǎo niú
小 牛

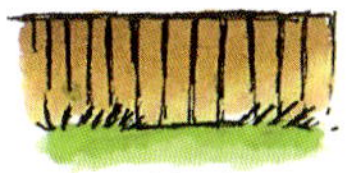
zhà · lan
栅 栏

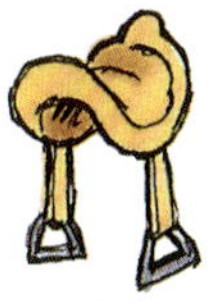
mǎ ān
马鞍

niú péng
牛 棚

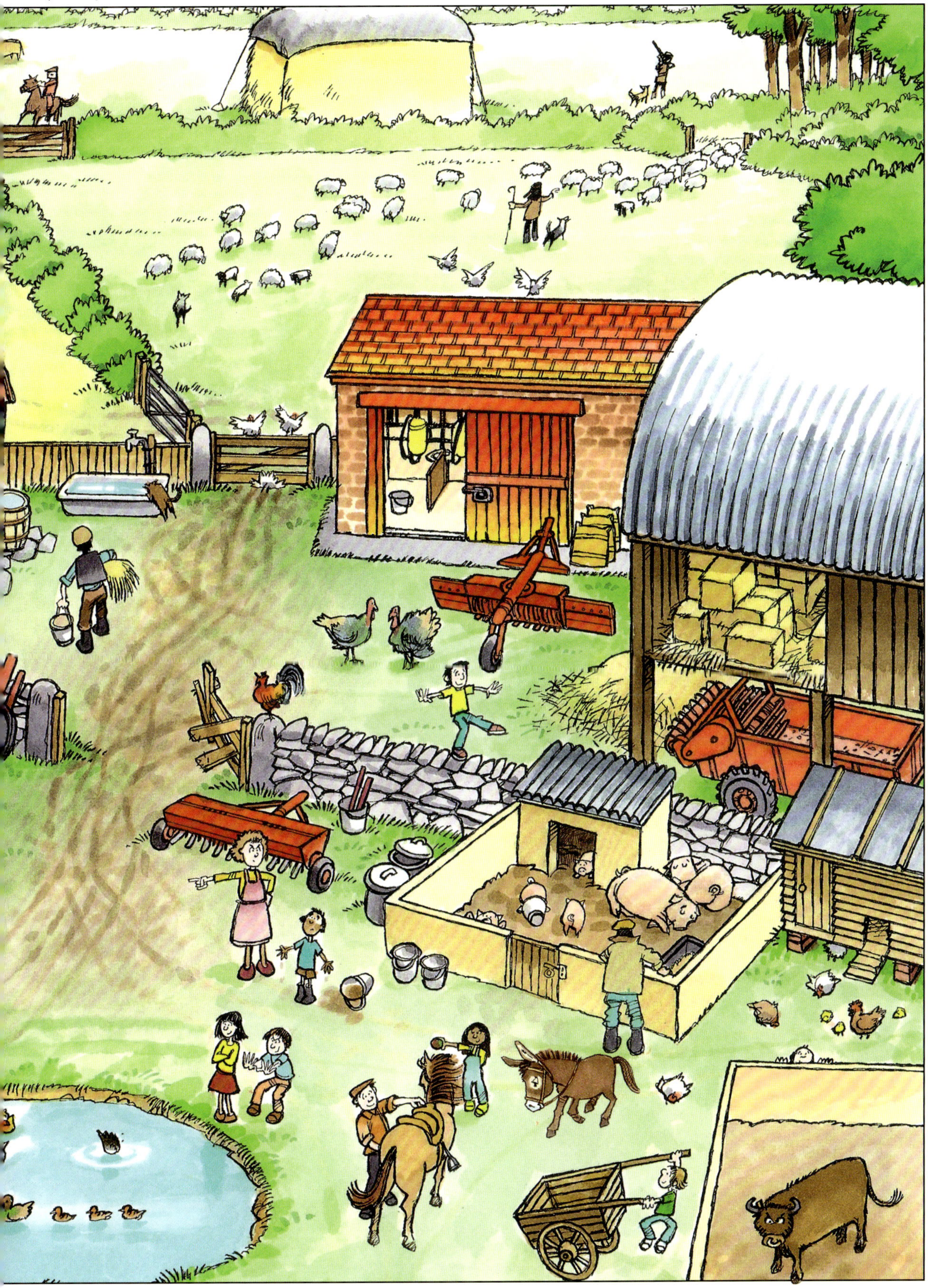

mǔ niú
母牛

lí
犁

guǒ yuán
果 园

mǎ jiù
马厩

xiǎo zhū
小 猪

lú
驴

huǒ jī
火鸡

dào cǎo rén
稻 草 人

nóng shè
农 舍

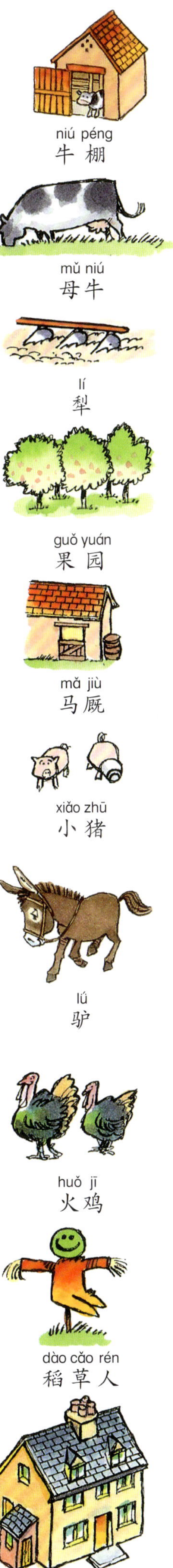

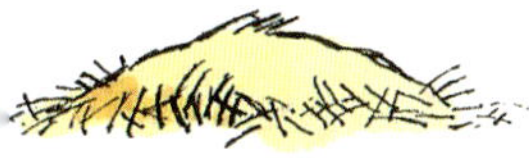
gān cǎo
干 草

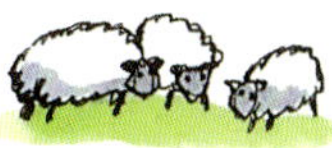
yáng
羊

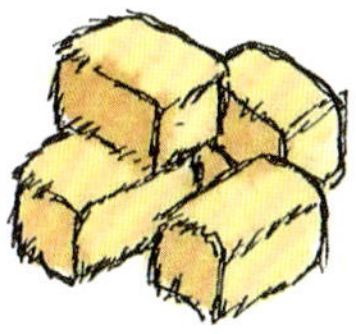
dào cǎo bāo
稻 草 包

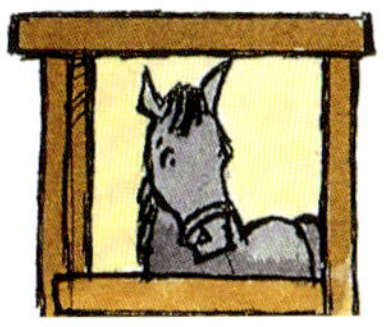
mǎ
马

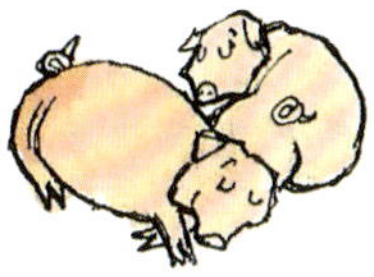
zhū
猪

hǎi biān
海边

fān chuán
帆船

bèi ké
贝壳

dà hǎi
大海

jiǎng
桨

dēng tǎ
灯塔

tiě qiāo
铁锹

tǒng
桶

hǎi xīng
海星

shā bǎo
沙堡

zhē yáng sǎn
遮阳伞

qí
旗

shuǐ shǒu
水手

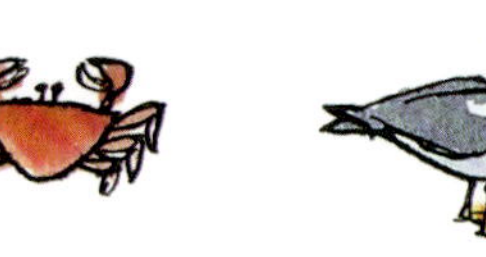

páng xiè
螃蟹

hǎi ōu
海鸥

dǎo
岛

mó tuō tǐng
摩托艇

huá shuǐ zhě
滑水者

bō làng
波浪
zhē yáng mào
遮阳帽
xuán yá
悬崖
chuán
船
dú mù zhōu
独木舟
shéng · zi
绳子
é luǎn shí
鹅卵石
hǎi cǎo
海草
wǎng
网
chuán jiǎng
船桨
yú chuán
渔船
jiǎo pǔ
脚蹼
fáng shài shuāng
防晒霜
yú
鱼
yǒng yī
泳衣
yóu lún
油轮
hǎi tān
海滩
huá tǐng
划艇
fān bù zhé dié yǐ
帆布折叠椅

zài xué xiào
在学校

jiǎn dāo
剪刀

xiě zì bǎn
写字板

2 + 2 = 4
2 + 3 = 5
suàn shù tí
算术题

xiàng pí
橡皮

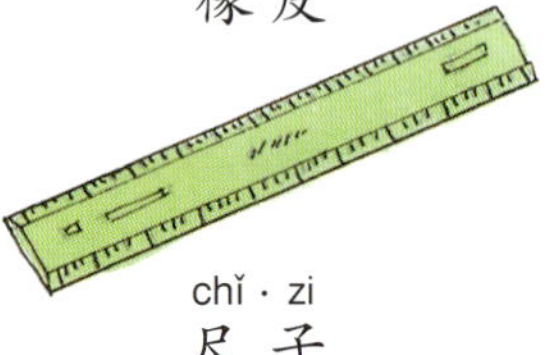
chǐ · zi
尺子

zhào piàn
照片

cǎi bǐ
彩笔

nián tǔ
黏土

yán liào
颜料

nán hái
男孩

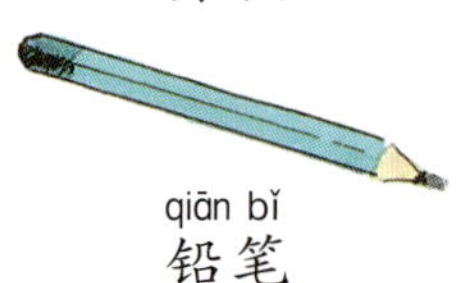
qiān bǐ
铅笔

shū zhuō
书桌

shū
书

gāng bǐ
钢笔

jiāo shuǐ
胶水

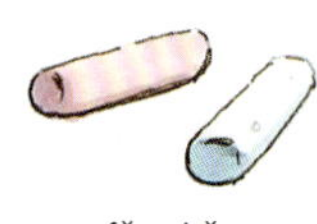
fěn bǐ
粉笔

tú huà
图画

fèi zhǐ lǒu
废纸篓

lǎo shī
老师

hé · zi
盒子

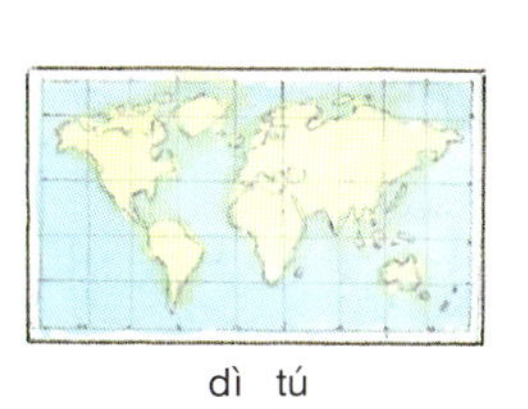

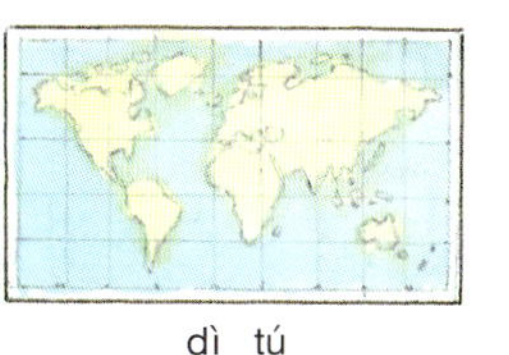

dì tú
地图

huà bǐ
画笔

tiān huā bǎn
天花板

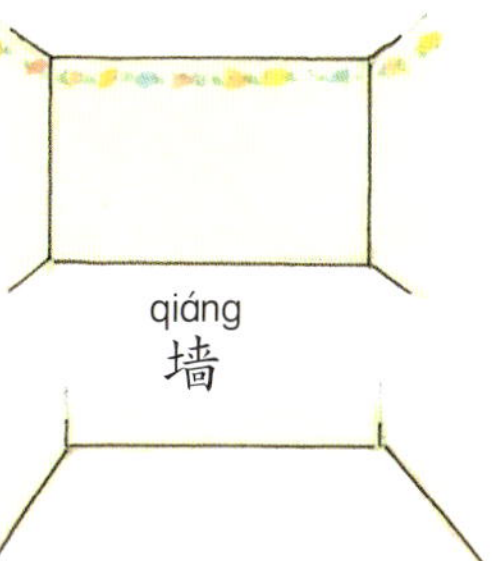

qiáng
墙

dì bǎn
地板

bǐ jì běn
笔记本

a b c d e f
g h i j k l m
n o p q r s
t u v w x y z

zì mǔ biǎo
字母表

huī zhāng
徽章

yú gāng
鱼缸

zhǐ
纸

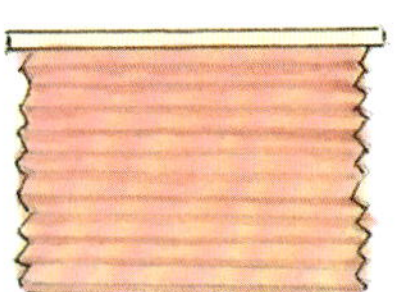

bǎi yè chuāng
百叶窗

huà jià
画架

mén bǎ · shou
门把手

zhí wù
植物

dì qiú yí
地球仪

nǚ hái
女孩

là bǐ
蜡笔

dēng
灯

yī yuàn
医院

hù · shi
护士

yào mián
药棉

yào
药

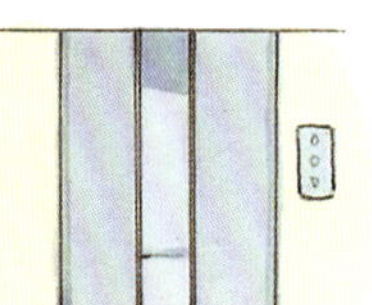

diàn tī
电梯

chén yī
晨衣

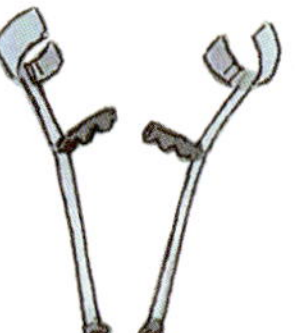

yè zhàng
腋杖

yào piàn
药片

tuō pán
托盘

shǒu biǎo
手表

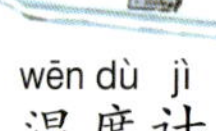

wēn dù jì
温度计

lián · zi
帘子

píng guǒ
苹果

shí gāo
石膏

bēng dài
绷带

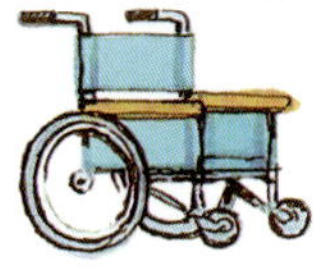

lún yǐ
轮椅

pīn tú wán jù
拼图玩具

yī shēng
医生

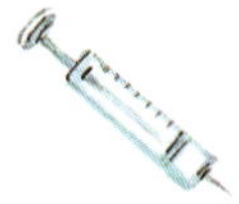

zhù shè qì
注射器

yī shēng

医生

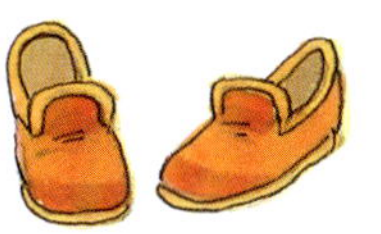
tuō xié
拖鞋

jì suàn jī
计算机

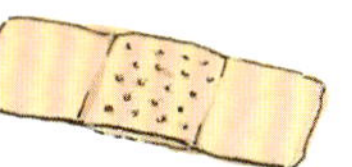
chuāng kě tiē
创可贴

xiāng jiāo
香蕉

pú · tao
葡萄

lán · zi
篮子

wán jù
玩具

lí
梨

kǎ piàn
卡片

niào bù
尿布

shǒu zhàng
手杖

zhěn · tou
枕头

nǚ shì shuì yī
女式睡衣

(yī tào
一套) shuì yī kù
睡衣裤

chéng · zi
橙子

zhǐ jīn
纸巾

lián huán huà
连环画

hòu zhěn shì
候诊室

jù huì

聚会

lǐ wù
礼物

qì qiú
气球

qiǎo kè lì
巧克力

yǎn jìng
眼镜

táng guǒ
糖果

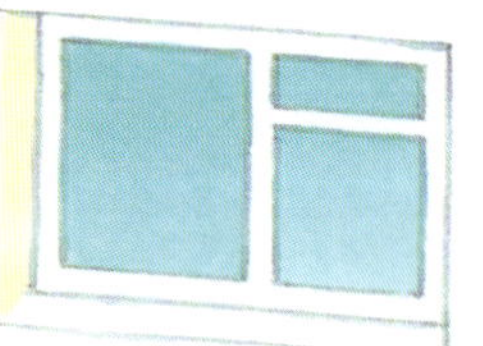

chuāng · hu
窗 户

yān huā
烟花

sī dài
丝带

dàn gāo
蛋糕

xī guǎn
吸管

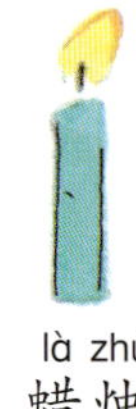

là zhú
蜡烛

zhǐ lā huā
纸拉花

wán jù
玩具

xiǎo gān jú
小 柑橘

sà lā mǐ xiāng cháng
萨拉米香 肠

tài dí xióng
泰迪熊

xiāng cháng
香 肠

zhá shǔ piàn
炸薯片

huà zhuāng wǔ huì fú
化 装 舞会服

yīng · tao
樱 桃

guǒ zhī
果汁

fù pén zǐ
覆盆子

cǎo méi
草莓

diàn dēng pào
电灯泡

sān míng zhì
三明治

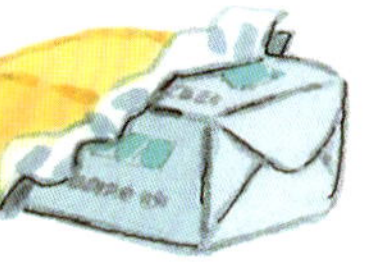

huáng yóu
黄 油

bǐng gān
饼干

nǎi lào
奶酪

miàn bāo
面 包

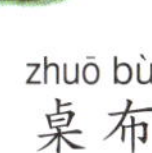

zhuō bù
桌布

shāng diàn
商店

yòu · zi
柚子

hú luó · bo
胡萝卜

cài huā
菜花

jiǔ cōng
韭葱

mó · gu
蘑菇

huáng guā
黄瓜

níng méng
柠檬

qín cài
芹菜

xìng
杏

guā
瓜

gòu wù dài
购物袋

奶酪

果蔬

yáng cōng
洋葱

juǎn xīn cài
卷心菜

táo
桃

shēng cài
生菜

wān dòu
豌豆

xī hóng shì
西红柿

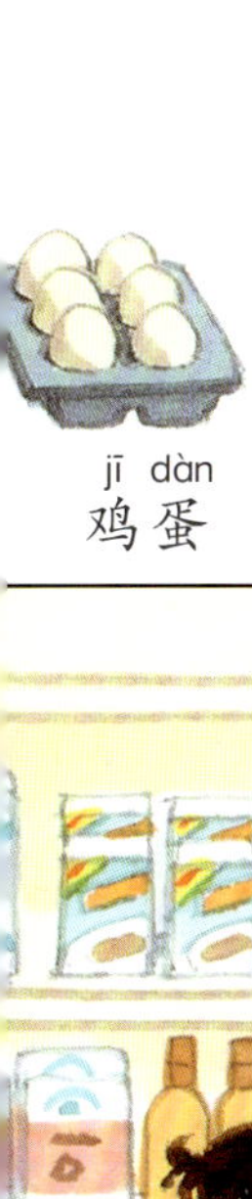

jī dàn
鸡蛋

lǐ · zi
李子

miàn fěn
面粉

chèng
秤

guàn · zi
罐子

ròu
肉

bō luó
菠萝

suān nǎi
酸奶

lán · zi
篮子

píng · zi
瓶子

shǒu tí bāo
手提包

qián bāo
钱包

qián
钱

guàn
罐

tǔ dòu
土豆

bō cài
菠菜

dòu jiǎo
豆角

fù kuǎn chù
付款处

nán guā
南瓜

gòu wù chē
购物车

shí wù
食物

wǔ cān
午餐
zǎo cān
早餐
zhǔ jī dàn
煮鸡蛋
tǔ sī
吐司
guǒ jiàng
果酱
kā fēi
咖啡
jiān jī dàn
煎鸡蛋
rè qiǎo kè lì
热巧克力
mài piàn
麦片
nǎi yóu
奶油
niú nǎi
牛奶
táng
糖
fēng mì
蜂蜜
yán
盐
hú jiāo fěn
胡椒粉
chá
茶
chá hú
茶壶
báo bǐng
薄饼
xiǎo yuán miàn bāo
小圆面包

zhèng cān
正 餐
huǒ tuǐ
火 腿
tāng
汤
jiān dàn bǐng
煎 蛋 饼
shā lā
沙 拉
kuài · zi
筷 子
hàn bǎo bāo
汉 堡 包
jī ròu
鸡 肉
mǐ fàn
米 饭
shā sī
沙 司
yì dà lì xì miàn tiáo
意 大 利 细 面 条
tǔ dòu ní
土 豆 泥
bǐ sà bǐng
比 萨 饼
zhá shǔ tiáo
炸 薯 条
tián diǎn
甜 点

wǒ
我

méi · mao
眉毛

yǎn · jing
眼睛

bí · zi
鼻子

liǎn jiá
脸颊

zuǐ
嘴

zuǐ chún
嘴唇

yá chǐ
牙齿

shé · tou
舌头

xià · ba
下巴

ěr · duo
耳朵

bó · zi
脖子

jiān bǎng
肩膀

xiōng bù
胸部

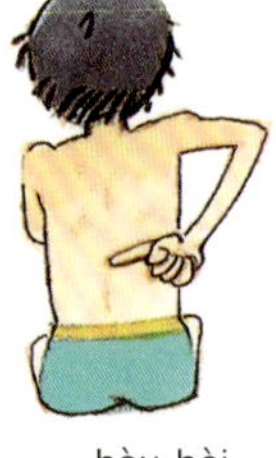
hòu bèi
后背

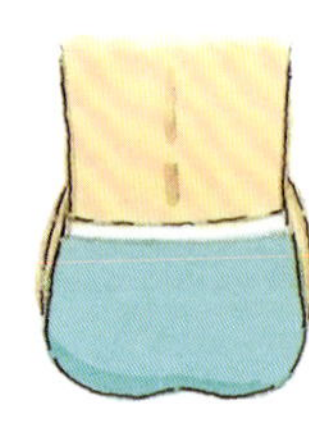
tún bù
臀部

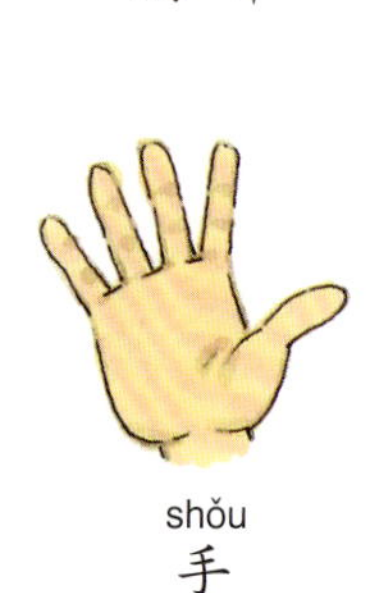
shǒu
手

mǔ zhǐ
拇指

shǒu zhǐ
手指

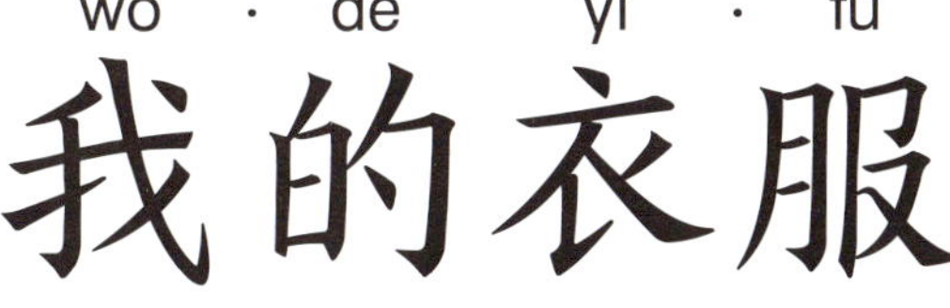

wǒ · de yī · fu
我的衣服

duǎn wà
短袜

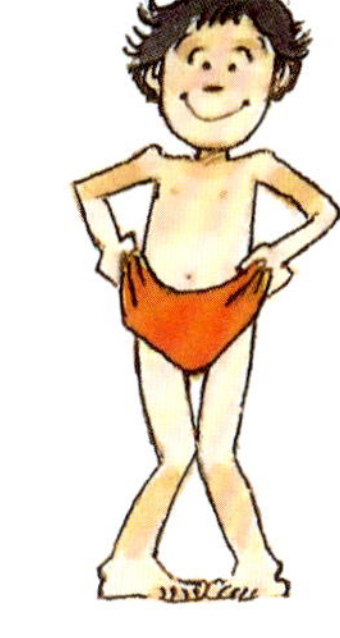

nèi kù
内裤

bèi xīn
背心

kù · zi
裤子

niú zǎi kù
牛仔裤

T xù shān
T恤衫

qún · zi
裙子

chèn shān
衬衫

lǐng dài
领带

duǎn kù
短裤

jǐn shēn kù
紧身裤

lián yī qún
连衣裙

zhēn zhī tào shān
针织套衫

(cháng xiù) yùn dòng shān
(长袖) 运动衫

(wú lǐng) kāi jīn máo yī
(无领) 开襟毛衣

wéi jīn
围巾

shǒu juàn
手绢

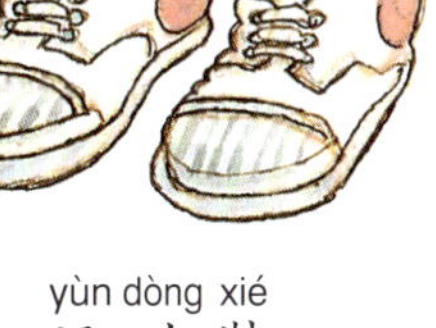

yùn dòng xié
运动鞋

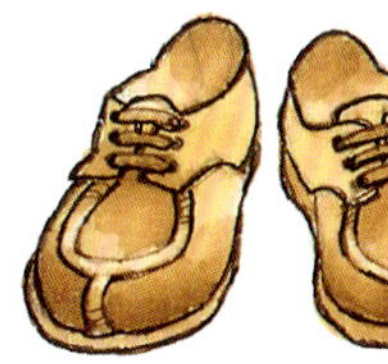

xié
鞋

liáng xié
凉鞋

xuē · zi
靴子

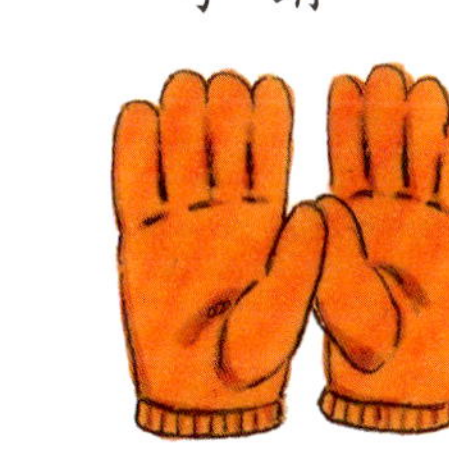

shǒu tào
手套

yāo dài
腰带

dā kòu
搭扣

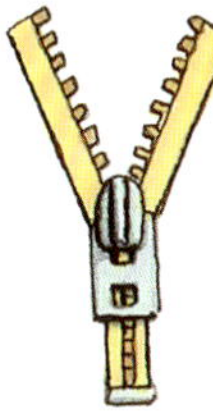

lā liàn
拉链

xié dài
鞋带

kòu · zi
扣子

kòu yǎn
扣眼

kǒu · dai
口袋

wài tào
外套

jiā kè shān
夹克衫

bàng qiú mào
棒球帽

mào · zi
帽子

rén · men

人们

nán yǎn yuán
男演员

nǚ yǎn yuán
女演员

chú shī
厨师

wǔ dǎo yǎn yuán
舞蹈演员

gē shǒu
歌手

yǔ háng yuán
宇航员

tú fū
屠夫

nán jǐng chá
男警察

nǚ jǐng chá
女警察

mù · jiàng
木匠

xiāo fáng duì yuán
消防队员

huà jiā
画家

fǎ guān
法官

jī xiè shī
机械师

lǐ fà shī
理发师

kǎ chē sī jī
卡车司机

gōng gòng qì chē sī jī
公共汽车司机

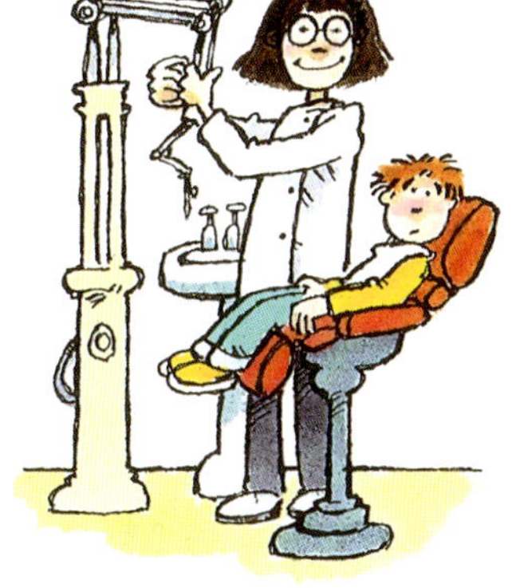

yá kē yī shēng
牙科医生

nán fú wù yuán
男服务员

nǚ fú wù yuán
女服务员

yóu dì yuán
邮递员

yóu qī jiàng
油漆匠

qián shuǐ yuán
潜水员

miàn bāo shī
面包师

jiā tíng
家庭

ér · zi
儿子

nǚ ér
女儿

gē · ge
哥哥

dì · di
弟弟

jiě · jie
姐姐

mèi · mei
妹妹

mā · ma
妈妈

qī · zi
妻子

bà · ba
爸爸

zhàng · fu
丈夫

yí gū · gu
姨 姑姑

shū · shu jiù · jiu
叔叔 舅舅

chǒng wù
宠物

táng dì biǎo dì
堂弟 表弟

yé · ye
爷爷

lǎo · ye
姥爷

nǎi · nai
奶奶

lǎo · lao
姥姥

zuò shì · qing
做事情
xiào
笑
wēi xiào
微笑
kū
哭
xiǎng
想
tīng
听
zhuā
抓
rēng
扔
dǎ pò
打破
huà
画
xiě zì
写字
kǎn
砍
jiǎn
剪
chī
吃
tán huà
谈话
wā
挖
bān
搬
hē
喝
zhì zuò
制作
tiào
跳
pá
爬
tiào wǔ
跳舞
xǐ
洗
biān zhī
编织

kàn
看
pá
爬
wán
玩
ná
拿
tiào shéng
跳 绳
shuì jiào
睡 觉
dǎ jià
打架
féng
缝
děng
等
duǒ cáng
躲 藏
mǎi
买
pēng rèn
烹 饪
dú
读
tuī
推
chàng
唱
chuī
吹
lā
拉
sǎo
扫
cǎi
采
dǎo xià
倒 下
zǒu
走
pǎo
跑
zuò
坐

fǎn yì cí

反义词

yuǎn · de
远 的
jìn · de
近 的
hǎo · de
好 的
huài · de
坏 的
lěng · de
冷 的
rè · de
热 的
shī · de
湿 的
gān · de
干 的
dǐng bù
顶 部
dǐ bù
底 部
zài shàng miàn
在……上 面
zài xià miàn
在……下 面
zāng · de
脏 的
gān jìng · de
干 净 的
pàng · de
胖 的
shòu · de
瘦 的
kāi · zhe · de
开 着 的
guān · zhe · de
关 着 的
xiǎo · de
小 的
dà · de
大 的
hěn shǎo · de
很 少 的
xǔ duō · de
许 多 的
dì yī · de
第 一 的
zuì hòu · de
最 后 的
zuǒ · bian
左 边

zài wài miàn
在……外面
zài lǐ miàn
在……里面
róng yì · de
容易的
kùn · nan · de
困难的
kōng · de
空的
mǎn · de
满的
ruǎn · de
软的
yìng · de
硬的
qián miàn
前面
gāo · de
高的
màn · de
慢的
kuài · de
快的
hòu miàn
后面
cháng · de
长的
dī · de
低的
duǎn · de
短的
sǐ · de
死的
huó · de
活的
hēi àn · de
黑暗的
míng liàng · de
明亮的
zài lóu shàng
在楼上
jiù · de
旧的
yòu · bian
右边
xīn · de
新的
zài lóu xià
在楼下

rì · zi
日子

xīng qī yī
星期一
xīng qī èr
星期二
xīng qī sān
星期三
xīng qī sì
星期四
xīng qī wǔ
星期五
xīng qī liù
星期六
xīng qī rì
星期日
rì lì
日历
zǎo · chen
早晨
tài yáng
太阳
wǎn · shang
晚上
yè wǎn
夜晚
tài kōng
太空
xíng xīng
行星
yǔ zhòu fēi chuán
宇宙飞船
yuè · liang
月亮
xīng · xing
星星
wàng yuǎn jìng
望远镜

tè bié · de rì · zi
特别的日子

tiān qì
天气

yǔ sǎn
雨伞

xià yǔ
下雨

shǎn diàn
闪电

wù
雾

tài yáng
太阳

yún
云

tiān kōng
天空

xià xuě
下雪

lù shuǐ
露水

fēng
风

bó wù
薄雾

shuāng
霜

cǎi hóng
彩虹

jì jié
季节

chūn tiān
春天

xià tiān
夏天

qiū tiān
秋天

dōng tiān
冬天

chǒng wù
宠物

shòu yī
兽医
cāng shǔ
仓鼠
gǒu wō
狗窝
tún shǔ
豚鼠
gǒu
狗
hǔ pí yīng wǔ
虎皮鹦鹉
xiǎo gǒu
小狗
gǒu liáng
狗粮
yīng wǔ
鹦鹉
niǎo huì
鸟喙
jīn sī què
金丝雀
tù · zi
兔子
lóng · zi
笼子
māo
猫
māo wō
猫窝
lǎo shǔ
老鼠
xiǎo māo
小猫
nǎi
奶
jīn yú
金鱼

yùn dòng hé duàn liàn
运动和锻炼

bǎ · zi
靶子
huá xiáng
滑翔
shè jiàn yùn dòng
射箭运动
tóu kuī
头盔
màn pǎo
慢跑
qí zì xíng chē
骑自行车
pān dēng
攀登
róu dào
柔道
mǎ
马
cún wù guì
存物柜
xiǎo xíng mǎ
小型马
zú qiú
足球
qí mǎ
骑马
gēng yī shì
更衣室
yǔ máo qiú yùn dòng
羽毛球运动
liū bīng xié
溜冰鞋
pīng pāng qiú yùn dòng
乒乓球运动
huá bīng
滑冰
huá xuě zhàng
滑雪杖
lǎn yǐ
缆椅
huá xuě
滑雪
xiāng pū
相扑
huá xuě bǎn
滑雪板

yán sè
颜色

zōng sè
棕色
hēi sè
黑色
chéng sè
橙色
lǜ sè
绿色
huī sè
灰色
hóng sè
红色
bái sè
白色
lán sè
蓝色
fěn hóng sè
粉红色
zǐ sè
紫色
huáng sè
黄色
xíng zhuàng
形状
cháng fāng xíng
长方形
yuán xíng
圆形
líng xíng
菱形
yuán zhuī xíng
圆锥形
xīng xíng
星形
lì fāng tǐ
立方体
tuǒ yuán xíng
椭圆形
sān jiǎo xíng
三角形
zhèng fāng xíng
正方形
yuè yá xíng
月牙形

shù zì
数字

1	yī	一
2	èr	二
3	sān	三
4	sì	四
5	wǔ	五
6	liù	六
7	qī	七
8	bā	八
9	jiǔ	九
10	shí	十
11	shí yī	十一
12	shí èr	十二
13	shí sān	十三
14	shí sì	十四
15	shí wǔ	十五
16	shí liù	十六
17	shí qī	十七
18	shí bā	十八
19	shí jiǔ	十九
20	èr shí	二十

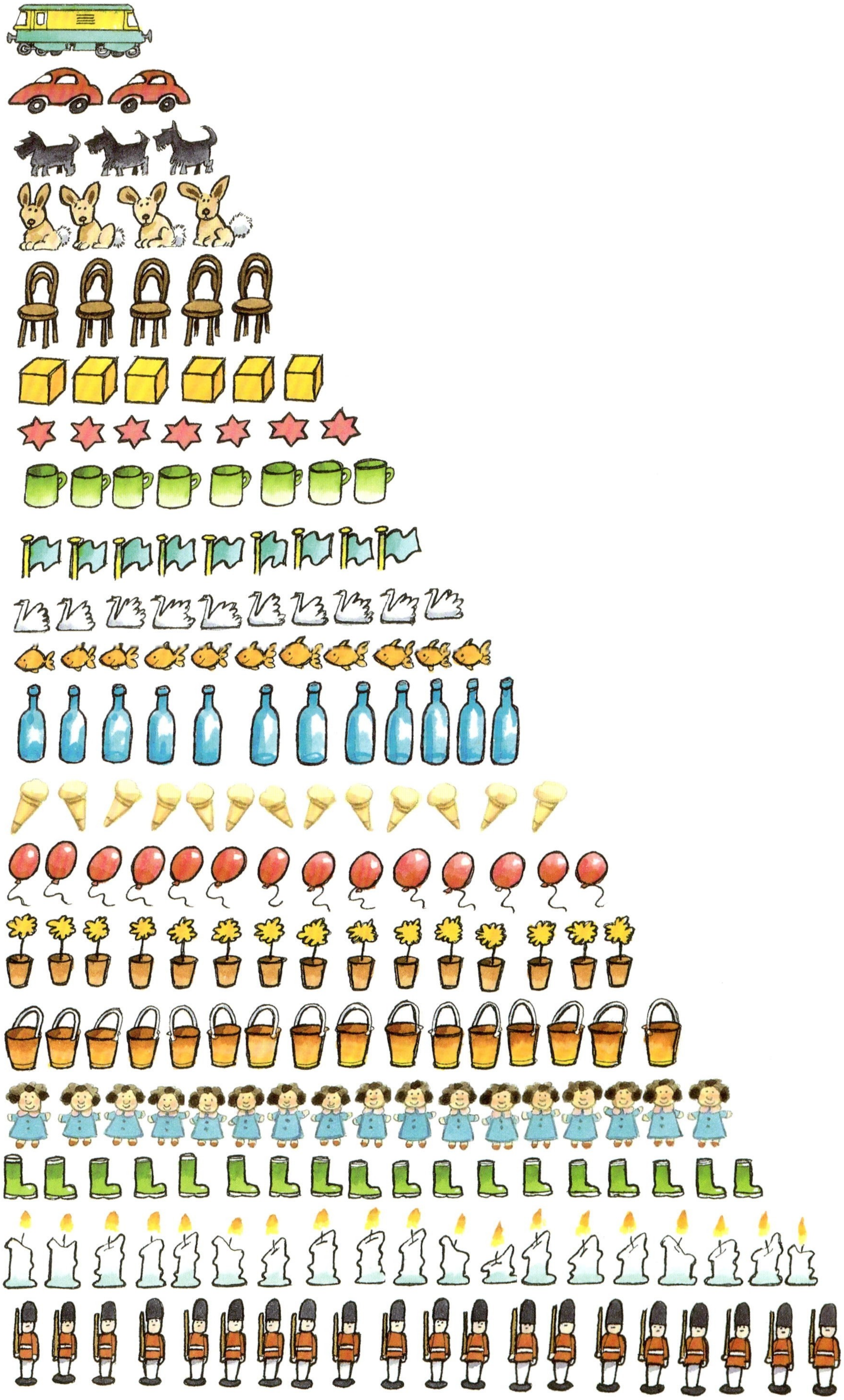

lù tiān yóu lè chǎng
露天游乐场

mǎ xì tuán

马戏团

词汇表

以下为本书的词汇表。词汇后面的数字是页码，在这一页或这几页，你能找到对应的单词和图片。

a

安全网 ān quán wǎng 55

b

八 bā 53
靶子 bǎ · zi 51
爸爸 bà · ba 41
白色 bái sè 52
百叶窗 bǎi yè chuāng 29
扳手 bān · shou 21
斑马 bān mǎ 19
搬 bān 42
板球 bǎn qiú 50
伴娘 bàn niáng 47
棒球帽 bàng qiú mào 39
薄饼 báo bǐng 36
报纸 bào zhǐ 5
刨花 bào huā 10
刨子 bào · zi 11
豹 bào 19
爆米花 bào mǐ huā 54
杯子 bēi · zi 7
背包 bēi bāo 20
北极熊 běi jí xióng 19
贝壳 bèi ké 26
背心 bèi xīn 39
绷带 bēng dài 30
绷紧的钢丝 bēng jǐn · de gāng sī 55
鼻子 bí · zi 38
比萨饼 bǐ sà bǐng 37
笔记本 bǐ jì běn 29
编织 biān zhī 42
蝙蝠 biān fú 18
表弟 biǎo dì 41
宾客 bīn kè 47
冰激凌 bīng jī líng 16
冰山 bīng shān 18
冰箱 bīng xiāng 6
饼干 bǐng gān 33
波浪 bō làng 27
玻璃杯 bō · li bēi 6
菠菜 bō cài 35
菠萝 bō luó 35
驳船 bó chuán 23
脖子 bó · zi 38
薄雾 bó wù 48
簸箕 bò · ji 7

c

采 cǎi 43
彩笔 cǎi bǐ 28
彩虹 cǎi hóng 48
菜花 cài huā 34
餐刀 cān dāo 7
仓鼠 cāng shǔ 49
苍蝇 cāng · ying 11
草 cǎo 9
草莓 cǎo méi 33
叉子 chā · zi 6
茶 chá 36
茶匙 chá chí 6
茶壶 chá hú 36
茶巾 chá jīn 7
蟾蜍 chán chú 23
长的 cháng · de 45
长方形 cháng fāng xíng 52
长颈鹿 cháng jǐng lù 18
（长袖）运动衫 （cháng xiù）yùn dòng shān 39
长椅 cháng yǐ 16
唱 chàng 43
车间 chē jiān 10
车轮 chē lún 20
车厢 chē xiāng 20
晨衣 chén yī 30
衬衫 chèn shān 39
城堡 chéng bǎo 14
橙色 chéng sè 52
橙子 chéng · zi 31
秤 chèng 35
吃 chī 42
池塘 chí táng 24
尺子 chǐ · zi 28
翅膀 chì bǎng 18
虫子 chóng · zi 8
宠物 chǒng wù 41, 49
抽屉 chōu · ti 7
抽屉柜 chōu tì guì 5
出租车 chū zū chē 13
厨房 chú fáng 6
厨师 chú shī 40
锄头 chú · tou 8
橱柜 chú guì 7
船 chuán 27
船桨 chuán jiǎng 27
创可贴 chuāng kě tiē 31
窗户 chuāng · hu 32
床 chuáng 4
床单 chuáng dān 5
吹 chuī 43
锤子 chuí · zi 11
春天 chūn tiān 48
瓷砖 cí zhuān 7
刺猬 cì · wei 22
村庄 cūn zhuāng 23
存物柜 cún wù guì 51
锉刀 cuò dāo 11

d

搭扣 dā kòu 39
打架 dǎ jià 43
打破 dǎ pò 42
大的 dà · de 44
大海 dà hǎi 26
大门 dà mén 16
大篷车 dà péng chē 23
大圈 dà quān 55
大头钉 dà tóu dìng 11
大象 dà xiàng 19
大猩猩 dà xīng · xing 18
袋鼠 dài shǔ 18
弹子 dàn · zǐ 15
蛋糕 dàn gāo 32
岛 dǎo 26
倒下 dǎo xià 43
稻草包 dào cǎo bāo 25
稻草人 dào cǎo rén 25
灯 dēng 5, 29
灯塔 dēng tǎ 26
灯柱 dēng zhù 13
等 děng 43
凳子 dèng · zi 6
低的 dī · de 45
底部 dǐ bù 44

地板 dì bǎn 29
地球仪 dì qiú yí 29
地毯 dì tǎn 4
地图 dì tú 29
弟弟 dì · di 41
第一的 dì yī · de 44
电池 diàn chí 20
电灯泡 diàn dēng pào 33
电话 diàn huà 5
电视 diàn shì 5
电梯 diàn tī 30
电影院 diàn yǐng yuàn 13
垫子 diàn · zi 4, 54
雕像 diāo xiàng 12
钓竿 diào gān 50
钓鱼 diào yú 50
碟子 dié · zi 7
顶部 dǐng bù 44
钉子 dīng · zi 11
冬天 dōng tiān 48
动物 dòng wù 18
洞 dòng 12
豆角 dòu jiǎo 35
独木舟 dú mù zhōu 27
读 dú 43
肚子 dù · zi 38
短的 duǎn · de 45
短裤 duǎn kù 39
短袜 duǎn wà 39
躲藏 duǒ cáng 43

e

鹅 é 24
鹅卵石 é luǎn shí 27
鳄鱼 è yú 18
儿子 ér · zi 41
耳朵 ěr · duo 38
二 èr 53
二十 èr shí 53

f

发动机 fā dòng jī 20
发动机盖 fā dòng jī gài 21
法官 fǎ guān 40
帆 fān 50
帆布折叠椅 fān bù zhé dié yǐ 27
帆船 fān chuán 17, 26
反义词 fǎn yì cí 44
防晒霜 fáng shài shuāng 27
房子 fáng · zi 13
飞蛾 fēi é 23
飞机 fēi jī 21
飞机场 fēi jī chǎng 21
飞机跑道 fēi jī pǎo dào 21
飞行员 fēi xíng yuán 21
肥皂 féi zào 4
废纸篓 fèi zhǐ lǒu 29
粉笔 fěn bǐ 28
粉红色 fěn hóng sè 52
风 fēng 48
风车 fēng chē 22
风筝 fēng · zheng 16
蜂蜜 fēng mì 36
蜂窝 fēng wō 8
斧头 fǔ · tóu 11
付款处 fù kuǎn chù 35
覆盆子 fù pén zǐ 33

g

杆子 gān · zi 55
橄榄球运动 gǎn lǎn qiú yùn dòng 50
干草 gān cǎo 25
干草仓 gān cǎo cāng 24
干草垛 gān cǎo duò 24
干的 gān · de 44
干净的 gān jìng · de 44
钢笔 gāng bǐ 28
钢琴 gāng qín 15
高的 gāo · de 45
高顶礼帽 gāo dǐng lǐ mào 55
高空秋千 gāo kōng qiū qiān 55
哥哥 gē · ge 41
胳膊肘 gē · bo zhǒu 38
鸽子 gē · zi 8
割草机 gē cǎo jī 9
歌手 gē shǒu 40
更衣室 gēng yī shì 51
工厂 gōng chǎng 13
工具箱 gōng jù xiāng 10
工棚 gōng péng 8
工作台 gōng zuò tái 11
弓 gōng 15
公共汽车 gōng gòng qì chē 12
公共汽车司机 gōng gòng qì chē sī jī 41
公鸡 gōng jī 24
公牛 gōng niú 24
公寓 gōng yù 13
公园 gōng yuán 16
篝火 gōu huǒ 9
狗 gǒu 16, 49, 55
狗粮 gǒu liáng 49
狗窝 gǒu wō 49
购物车 gòu wù chē 35
购物袋 gòu wù dài 34
姑姑 gū · gu 41
谷仓 gǔ cāng 24
骨头 gǔ · tou 9
鼓 gǔ 15
瓜 guā 34
挂衣钩 guà yī gōu 5
关着的 guān · zhe · de 44
管子 guǎn · zi 12
灌木 guàn mù 16
罐 guàn 35
罐车 guàn chē 24
罐子 guàn · zi 11, 35
龟 guī 19
棍子 gùn · zi 9
锅 guō 6
果酱 guǒ jiàng 36
果园 guǒ yuán 25
果汁 guǒ zhī 33
过山车 guò shān chē 54

h

孩子 hái · zi 17
海豹 hǎi bào 19
海边 hǎi biān 26
海草 hǎi cǎo 27
海绵 hǎi mián 4
海鸥 hǎi ōu 26
海滩 hǎi tān 27
海豚 hǎi tún 18
海星 hǎi xīng 26

汉堡包 hàn bǎo bāo 37
旱冰鞋 hàn bīng xié 16
航行 háng xíng 50
好的 hǎo · de 44
喝 hē 42
河 hé 22
河狸 hé lí 19
河马 hé mǎ 18
盒子 hé · zi 29
黑暗的 hēi àn · de 45
黑色 hēi sè 52
很少的 hěn shǎo · de 44
红绿灯 hóng lǜ dēng 13
红色 hóng sè 52
猴子 hóu · zi 18
后背 hòu bèi 38
后面 hòu miàn 45
厚木板 hòu mù bǎn 10
候诊室 hòu zhěn shì 31
狐狸 hú · li 22
胡椒粉 hú jiāo fěn 36
胡萝卜 hú luó · bo 34
湖 hú 16
蝴蝶 hú dié 22
虎皮鹦鹉 hǔ pí yīng wǔ 49
护士 hù · shi 30
花 huā 8
花圃 huā pǔ 17
花园 huā yuán 8
划船 huá chuán 50
划艇 huá tǐng 27
滑板 huá bǎn 17
滑冰 huá bīng 51
滑水者 huá shuǐ zhě 26
滑梯 huá tī 16
滑翔 huá xiáng 51
滑雪 huá xuě 51
滑雪板 huá xuě bǎn 51
滑雪板运动 huá xuě bǎn yùn dòng 50
滑雪杖 huá xuě zhàng 51
化装舞会服 huà zhuāng wǔ huì fú 33
画 huà 42
画笔 huà bǐ 29
画家 huà jiā 40
画架 huà jià 29
坏的 huài · de 44
獾 huān 22
缓冲器 huǎn chōng qì 20
黄蜂 huáng fēng 8
黄瓜 huáng guā 34
黄色 huáng sè 52
黄油 huáng yóu 33
灰色 huī sè 52
徽章 huī zhāng 29
婚礼日 hūn lǐ rì 47
活的 huó · de 45
火柴 huǒ chái 7
火车 huǒ chē 23
火车司机 huǒ chē sī jī 20
火车头 huǒ chē tóu 20
火车玩具组合 huǒ chē wán jù zǔ hé 14
火车站 huǒ chē zhàn 20
火鸡 huǒ jī 25
火箭 huǒ jiàn 15
火腿 huǒ tuǐ 37
货车 huò chē 13
货运列车 huò yùn liè chē 20

j

机器人 jī qì rén 14
机械师 jī xiè shī 40
鸡蛋 jī dàn 35
鸡肉 jī ròu 37
鸡舍 jī shè 24
积木 jī mù 14
吉他 jí tā 14
计算机 jì suàn jī 31
季节 jì jié 48
加油泵 jiā yóu bèng 21
夹克衫 jiā kè shān 39
家庭 jiā tíng 41
假期 jià qī 47
肩膀 jiān bǎng 38
煎蛋饼 jiān dàn bǐng 37
煎锅 jiān guō 7
煎鸡蛋 jiān jī dàn 36
检票员 jiǎn piào yuán 20
剪 jiǎn 42
剪刀 jiǎn dāo 28
箭 jiàn 14
桨 jiǎng 26
降落伞 jiàng luò sǎn 15
胶水 jiāo shuǐ 28
角 jiǎo 19
脚 jiǎo 38
脚蹼 jiǎo pǔ 27
脚趾 jiǎo zhǐ 38
街道 jiē dào 12
姐姐 jiě · jie 41
戒指 jiè · zhi 14
金丝雀 jīn sī què 49
金鱼 jīn yú 49
紧身裤 jǐn shēn kù 39
近的 jìn · de 44
鲸 jīng 19
警察 jǐng chá 13
警车 jǐng chē 12
镜子 jìng · zi 5
九 jiǔ 53
韭葱 jiǔ cōng 34
旧的 jiù · de 45
救护车 jiù hù chē 12
救险工程车 jiù xiǎn gōng chéng chē 21
舅舅 jiù · jiu 41
锯 jù 10
锯末 jù mò 10
聚会 jù huì 32
卷尺 juǎn chǐ 11
卷心菜 juǎn xīn cài 34

k

咖啡 kā fēi 36
咖啡馆 kā fēi guǎn 12
卡车 kǎ chē 13
卡车司机 kǎ chē sī jī 41
卡片 kǎ piàn 31
开关 kāi guān 6
开着的 kāi · zhe · de 44
砍 kǎn 42
看 kàn 43
蝌蚪 kē dǒu 16
客厅 kè tīng 4
空的 kōng · de 45
空手道 kōng shǒu dào 50
空中乘务员 kōng zhōng chéng wù yuán 21
口袋 kǒu · dai 39
口琴 kǒu qín 14

扣眼 kòu yǎn 39
扣子 kòu · zi 39
哭 kū 42
裤子 kù · zi 39
快的 kuài · de 45
筷子 kuài · zi 37
困难的 kùn · nan · de 45

l

垃圾 lā jī 6
垃圾箱 lā jī xiāng 8
拉 lā 43
拉链 lā liàn 39
蜡笔 là bǐ 29
蜡烛 là zhú 32, 47
栏杆 lán gān 17
蓝色 lán sè 52
篮球 lán qiú 50
篮子 lán · zi 31, 35
缆椅 lǎn yǐ 51
狼 láng 18
老虎 lǎo hǔ 19
老师 lǎo shī 29
老鼠 lǎo shǔ 49
姥姥 lǎo · lao 41
姥爷 lǎo · ye 41
冷的 lěng · de 44
梨 lí 31
犁 lí 25
礼物 lǐ wù 32, 47
李子 lǐ · zi 35
理发师 lǐ fà shī 41
立方体 lì fāng tǐ 52
连环画 lián huán huà 31
连衣裙 lián yī qún 39
帘子 lián · zi 30
脸 liǎn 38
脸颊 liǎn jiá 38
凉鞋 liáng xié 39
淋浴 lín yù 4
菱形 líng xíng 52
领带 lǐng dài 39
领结 lǐng jié 55
溜冰鞋 liū bīng xié 51
六 liù 53
笼子 lóng · zi 49
楼梯 lóu tī 5
鹿 lù 19
路 lù 22
路标 lù biāo 22
露水 lù shuǐ 48
露天游乐场 lù tiān yóu lè chǎng 54
轮胎 lún tāi 21
轮椅 lún yǐ 30
螺母 luó mǔ 11
螺丝刀 luó sī dāo 10
螺丝钉 luó sī dīng 10, 11
螺旋滑梯 luó xuán huá tī 54
骆驼 luò · tuo 19
驴 lǘ 25
旅馆 lǚ guǎn 12
旅行 lǚ xíng 20
绿色 lǜ sè 52

m

妈妈 mā · ma 41
抹布 mā bù 7
马 mǎ 25, 51
马鞍 mǎ ān 25
马背杂技演员 mǎ bèi zá jì yǎn yuán 55
马厩 mǎ jiù 25
马桶 mǎ tǒng 4
马戏表演领班 mǎ xì biǎo yǎn lǐng bān 55
马戏团 mǎ xì tuán 55
买 mǎi 43
麦片 mài piàn 36
满的 mǎn · de 45
慢的 màn · de 45
慢跑 màn pǎo 51
猫 māo 49
猫头鹰 māo tóu yīng 23
猫窝 māo wō 49
毛巾 máo jīn 4
毛毛虫 máo · mao chóng 9
帽子 mào · zi 39
眉毛 méi · mao 38
美式橄榄球 měi shì gǎn lǎn qiú 50
妹妹 mèi · mei 41
门 mén 6
门把手 mén bǎ · shou 29
门厅 mén tīng 5
米饭 mǐ fàn 37
蜜蜂 mì fēng 9
棉花糖 mián huā táng 54
面包 miàn bāo 33
面包师 miàn bāo shī 41
面部油彩 miàn bù yóu cǎi 15
面粉 miàn fěn 35
面具 miàn jù 15
明亮的 míng liàng · de 45
摩天轮 mó tiān lún 54
摩托车 mó tuō chē 13
摩托艇 mó tuō tǐng 26
蘑菇 mó · gu 34
母鸡 mǔ jī 25
母牛 mǔ niú 25
拇指 mǔ zhǐ 38
木匠 mù · jiàng 40
木料 mù liào 23
木偶 mù ǒu 15
木头 mù · tou 11
牧羊犬 mù yáng quǎn 24

n

拿 ná 43
奶 nǎi 49
奶酪 nǎi lào 33
奶奶 nǎi · nai 41
奶油 nǎi yóu 36
男服务员 nán fú wù yuán 41
男孩 nán hái 28
男警察 nán jǐng chá 40
男人 nán rén 12
男演员 nán yǎn yuán 40
南瓜 nán guā 35
内裤 nèi kù 39
泥 ní 24
泥铲 ní chǎn 9
泥土 ní tǔ 17
黏土 nián tǔ 28
鸟 niǎo 17
鸟巢 niǎo cháo 9
鸟喙 niǎo huì 49
尿布 niào bù 31
柠檬 níng méng 34
牛奶 niú nǎi 36
牛棚 niú péng 25

牛仔裤 niú zǎi kù 39
农场 nóng chǎng 24
农民 nóng mín 25
农舍 nóng shè 25
女儿 nǚ ér 41
女服务员 nǚ fú wù yuán 41
女孩 nǚ hái 29
女警察 nǚ jǐng chá 40
女人 nǚ rén 13
女式睡衣 nǚ shì shuì yī 31
女演员 nǚ yǎn yuán 40

p

爬 pá 42, 43
耙子 pá · zi 9
攀登 pān dēng 51
盘子 pán · zi 7
螃蟹 páng xiè 26
胖的 pàng · de 44
跑 pǎo 43
喷壶 pēn hú 8
喷水器 pēn shuǐ qì 8
烹饪 pēng rèn 43
碰碰车 pèng · peng chē 54
瓢虫 piáo chóng 8
拼图玩具 pīn tú wán jù 30
乒乓球运动 pīng pāng qiú yùn dòng 51
苹果 píng guǒ 30
瓶子 píng · zi 35
葡萄 pú · tao 31
瀑布 pù bù 23

q

七 qī 53
妻子 qī · zi 41
骑马 qí mǎ 51
骑自行车 qí zì xíng chē 51
旗 qí 26
企鹅 qǐ é 18
起重机 qǐ zhòng jī 15
气球 qì qiú 32
汽车 qì chē 13
汽油 qì yóu 21
牵狗带 qiān gǒu dài 17
铅笔 qiān bǐ 28
前车灯 qián chē dēng 20
前面 qián miàn 45
钱 qián 35
钱包 qián bāo 35
钱箱 qián xiāng 15
潜水艇 qián shuǐ tǐng 14
潜水员 qián shuǐ yuán 41
墙 qiáng 29
跷跷板 qiāo qiāo bǎn 17
桥 qiáo 23
巧克力 qiǎo kè lì 32
芹菜 qín cài 34
青蛙 qīng wā 16
秋千 qiū qiān 16
秋天 qiū tiān 48
球 qiú 17, 50
球棒 qiú bàng 50
球拍 qiú pāi 50
裙子 qún · zi 39

r

热的 rè · de 44
热气球 rè qì qiú 22
热巧克力 rè qiǎo kè lì 36
人行道 rén xíng dào 12
人行横道 rén xíng héng dào 13
人们 rén · men 40
扔 rēng 42
日历 rì lì 10, 46
日子 rì · zi 46
容易的 róng yì · de 45
柔道 róu dào 51
肉 ròu 35
软的 ruǎn · de 45

s

萨拉米香肠 sà lā mǐ xiāng cháng 33
赛车 sài chē 15
赛跑 sài pǎo 50
三 sān 53
三角形 sān jiǎo xíng 52
三轮脚踏车 sān lún jiǎo tà chē 17
三明治 sān míng zhì 33
散热器 sàn rè qì 5
扫 sǎo 43
扫帚 sào · zhou 7
森林 sēn lín 22
沙堡 shā bǎo 26
沙发 shā fā 4
沙坑 shā kēng 16
沙拉 shā lā 37
沙司 shā sī 37
砂纸 shā zhǐ 10
鲨鱼 shā yú 19
色子 shǎi · zi 14
山 shān 22
山羊 shān yáng 19
闪电 shǎn diàn 48
商店 shāng diàn 12, 34
勺子 sháo · zi 7
哨子 shào · zi 14
舌头 shé · tou 38
蛇 shé 19
射箭运动 shè jiàn yùn dòng 51
摄影师 shè yǐng shī 47
生菜 shēng cài 34
生日 shēng rì 47
生日蛋糕 shēng rì dàn gāo 47
生日贺卡 shēng rì hè kǎ 47
绳梯 shéng tī 55
绳子 shéng · zi 27
圣诞节 shèng dàn jié 47
圣诞老人 shèng dàn lǎo rén 47
圣诞树 shèng dàn shù 47
狮子 shī · zi 18
湿的 shī · de 44
十 shí 53
十八 shí bā 53
十二 shí èr 53
十九 shí jiǔ 53
十六 shí liù 53
十七 shí qī 53
十三 shí sān 53
十四 shí sì 53
十五 shí wǔ 53
十一 shí yī 53
石膏 shí gāo 30
石头 shí · tou 22
时钟 shí zhōng 6

食物 shí wù 36
士兵 shì bīng 15
市场 shì chǎng 13
收音机 shōu yīn jī 4
手 shǒu 38
手臂 shǒu bì 38
手表 shǒu biǎo 30
手绢 shǒu juàn 39
手套 shǒu tào 39
手提包 shǒu tí bāo 35
手提箱 shǒu tí xiāng 20
手推车 shǒu tuī chē 8,24
手杖 shǒu zhàng 31
手纸 shǒu zhǐ 4
手指 shǒu zhǐ 38
售票机 shòu piào jī 20
兽医 shòu yī 49
瘦的 shòu · de 44
书 shū 28
书桌 shū zhuō 28
叔叔 shū · shu 41
梳子 shū · zi 5
蔬菜 shū cài 9
树 shù 9,17
树篱 shù lí 9
树叶 shù yè 9
竖笛 shù dí 14
数字光盘 shù zì guāng pán 4
刷子 shuā · zi 5,7
霜 shuāng 48
水 shuǐ 4
水池 shuǐ chí 6
水管 shuǐ guǎn 9
水果 shuǐ guǒ 5
水壶 shuǐ hú 7
水坑 shuǐ kēng 17
水龙头 shuǐ lóng tóu 4
水手 shuǐ shǒu 26
水闸 shuǐ zhá 22
睡觉 shuì jiào 43
丝带 sī dài 32
死的 sǐ · de 45
四 sì 53
松鼠 sōng shǔ 22
酸奶 suān nǎi 35
算术题 suàn shù tí 28
隧道 suì dào 23

t

台阶 tái jiē 13
台钳 tái qián 10
太空 tài kōng 46
太阳 tài yáng 46,48
泰迪熊 tài dí xióng 33
谈话 tán huà 42
汤 tāng 37
堂弟 táng dì 41
糖 táng 36
糖果 táng guǒ 32
桃 táo 34
套圈游戏 tào quān yóu xì 54
特别的日子 tè bié · de rì · zi 47
特技自行车手 tè jì zì xíng chē shǒu 55
梯子 tī · zi 10
鹈鹕 tí hú 18
体操 tǐ cāo 50
天鹅 tiān é 17
天花板 tiān huā bǎn 29
天空 tiān kōng 48
天气 tiān qì 48
田野 tián yě 25
甜点 tián diǎn 37
跳 tiào 42
跳绳 tiào shéng 17,43
跳水 tiào shuǐ 50
跳舞 tiào wǔ 42,50
铁轨 tiě guǐ 20
铁锹 tiě qiāo 8,26
听 tīng 42
童车 tóng chē 17
桶 tǒng 11,26
头 tóu 38
头发 tóu · fa 38
头盔 tóu kuī 51
图画 tú huà 28
图片 tú piàn 5
屠夫 tú fū 40
土豆 tǔ dòu 35
土豆泥 tǔ dòu ní 37
吐司 tǔ sī 36
兔子 tù · zi 49,55
推 tuī 43
腿 tuǐ 38
豚鼠 tún shǔ 49
臀部 tún bù 38
托盘 tuō pán 30
拖把 tuō bǎ 7
拖车 tuō chē 13
拖拉机 tuō lā jī 24
拖鞋 tuō xié 31
鸵鸟 tuó niǎo 18
椭圆形 tuǒ yuán xíng 52
T恤衫 T xù shān 39

w

挖 wā 42
挖掘机 wā jué jī 12
娃娃屋 wá · wa wū 14
外套 wài tào 39
豌豆 wān dòu 34
玩 wán 43
玩具 wán jù 31,32
玩具店 wán jù diàn 14
玩杂耍的人 wán zá shuǎ · de rén 55
晚上 wǎn · shang 46
碗 wǎn 7
网 wǎng 27
网球 wǎng qiú 50
望远镜 wàng yuǎn jìng 46
微笑 wēi xiào 42
围巾 wéi jīn 39
围裙 wéi · qún 6
尾巴 wěi · ba 18
温度计 wēn dù jì 30
温室 wēn shì 9
蜗牛 wō niú 8
我 wǒ 38
我的衣服 wǒ · de yī · fu 39
卧室 wò shì 5
屋顶 wū dǐng 12
（无领）开襟毛衣 （wú lǐng）kāi jīn máo yī 39
五 wǔ 53
午餐 wǔ cān 36
舞蹈演员 wǔ dǎo yǎn yuán 40
雾 wù 48

x

西红柿　xī hóng shì　34
吸尘器　xī chén qì　6
吸管　xī guǎn　32
犀牛　xī niú　19
蜥蜴　xī yì　22
膝盖　xī gài　38
洗　xǐ　42
洗车场　xǐ chē chǎng　21
洗手池　xǐ shǒu chí　4
洗衣粉　xǐ yī fěn　6
洗衣机　xǐ yī jī　7
下巴　xià · ba　38
下雪　xià xuě　48
下雨　xià yǔ　48
夏天　xià tiān　48
线　xiàn　17
乡村　xiāng cūn　22
相扑　xiāng pū　51
香肠　xiāng cháng　33
香蕉　xiāng jiāo　31
想　xiǎng　42
项链　xiàng liàn　14
象鼻　xiàng bí　19
橡皮　xiàng pí　28
消防车　xiāo fáng chē　13
消防队员　xiāo fáng duì yuán　40
小丑　xiǎo chǒu　55
小船　xiǎo chuán　15
小的　xiǎo · de　44
小地毯　xiǎo dì tǎn　5
小柑橘　xiǎo gān jú　33
小狗　xiǎo gǒu　49
小号　xiǎo hào　14
小狐狸　xiǎo hú · li　23
小鸡　xiǎo jī　24
小路　xiǎo lù　9, 16
小猫　xiǎo māo　49
小牛　xiǎo niú　25
小山　xiǎo shān　23
小溪　xiǎo xī　22
小型马　xiǎo xíng mǎ　51
小鸭子　xiǎo yā · zi　17
小圆面包　xiǎo yuán miàn bāo　36
小猪　xiǎo zhū　25
笑　xiào　42
鞋　xié　39
鞋带　xié dài　39
写字　xiě zì　42
写字板　xiě zì bǎn　28
新的　xīn · de　45
新郎　xīn láng　47
新娘　xīn niáng　47
信　xìn　5
信号灯　xìn hào dēng　20
星期二　xīng qī èr　46
星期六　xīng qī liù　46
星期日　xīng qī rì　46
星期三　xīng qī sān　46
星期四　xīng qī sì　46
星期五　xīng qī wǔ　46
星期一　xīng qī yī　46
星星　xīng · xing　46
星形　xīng xíng　52
行李箱　xíng · li xiāng　21
行星　xíng xīng　46
形状　xíng zhuàng　52
杏　xìng　34
胸部　xiōng bù　38
熊　xióng　18
熊猫　xióng māo　18
修车厂　xiū chē chǎng　20
许多的　xǔ duō · de　44
悬崖　xuán yá　27
旋转平台　xuán zhuǎn píng tái　54
靴子　xuē · zi　39
学校　xué xiào　12
雪橇　xuě qiāo　47
驯鹿　xùn lù　47

y

压路机　yā lù jī　13, 15
鸭子　yā · zi　17
牙齿　yá chǐ　38
牙膏　yá gāo　4
牙科医生　yá kē yī shēng　41
牙刷　yá shuā　4
烟　yān　9
烟囱　yān cōng　12
烟花　yān huā　32
岩石　yán shí　23
盐　yán　36
颜料　yán liào　15, 28
颜色　yán sè　52
眼睛　yǎn · jing　38
眼镜　yǎn jìng　32
鼹鼠　yǎn shǔ　23
羊　yáng　25
羊羔　yáng gāo　24
洋葱　yáng cōng　34
洋娃娃　yáng wá · wa　14
腰带　yāo dài　39
摇摇木马　yáo yáo mù mǎ　15
药　yào　30
药棉　yào mián　30
药片　yào piàn　30
钥匙　yào · shi　6
爷爷　yé · ye　41
野餐　yě cān　16
野牛　yě niú　19
夜晚　yè wǎn　46
腋杖　yè zhàng　30
一　yī　53
（一套）睡衣裤　（yī tào）shuì yī kù　31
衣柜　yī guì　5
医生　yī shēng　30, 31
医院　yī yuàn　30
姨　yí　41
椅子　yǐ · zi　5
意大利细面条　yì dà lì xì miàn tiáo　37
婴儿　yīng ér　17
婴儿车　yīng ér chē　9
樱桃　yīng · tao　33
鹦鹉　yīng wǔ　49
鹰　yīng　18
硬的　yìng · de　45
泳衣　yǒng yī　27
邮递员　yóu dì yuán　41
油　yóu　21
油罐车　yóu guàn chē　21
油轮　yóu lún　27
油漆匠　yóu qī jiàng　41
油漆桶　yóu qī tǒng　11

游鬼城小火车 yóu guǐ chéng xiǎo huǒ chē 54
游泳 yóu yǒng 50
游泳池 yóu yǒng chí 50
右边 yòu · bian 45
幼狮 yòu shī 18
柚子 yòu · zi 34
诱饵 yòu ěr 50
鱼 yú 27
鱼缸 yú gāng 29
渔船 yú chuán 27
渔夫 yú fū 23
宇航员 yǔ háng yuán 15, 40
宇宙飞船 yǔ zhòu fēi chuán 46
羽毛 yǔ máo 18
羽毛球运动 yǔ máo qiú yùn dòng 51
羽绒被 yǔ róng bèi 5
雨伞 yǔ sǎn 48
浴缸 yù gāng 4
浴室 yù shì 4
园艺叉 yuán yì chā 9
圆形 yuán xíng 52
圆锥形 yuán zhuī xíng 52
远的 yuǎn · de 44
月亮 yuè · liang 46
月台 yuè tái 20
月牙形 yuè yá xíng 52
乐队 yuè duì 55
运动场 yùn dòng chǎng 12
运动和锻炼 yùn dòng hé duàn liàn 50
运动鞋 yùn dòng xié 39
运河 yùn hé 23
熨斗 yùn dǒu 7
熨衣板 yùn yī bǎn 6

Z

杂技演员 zá jì yǎn yuán 55
在……里面 zài ... lǐ miàn 45
在……上面 zài ... shàng miàn 44
在……外面 zài ... wài miàn 45
在……下面 zài ... xià miàn 44
在家 zài jiā 4
在楼上 zài lóu shàng 45
在楼下 zài lóu xià 45
在学校 zài xué xiào 28
脏的 zāng · de 44
早餐 zǎo cān 36
早晨 zǎo · chen 46
灶具 zào jù 7
栅栏 zhà · lan 25
炸薯片 zhá shǔ piàn 33
炸薯条 zhá shǔ tiáo 37
丈夫 zhàng · fu 41
帐篷 zhàng · peng 23
照片 zhào piàn 28
照相机 zhào xiàng jī 14, 47
遮阳帽 zhē yáng mào 27
遮阳伞 zhē yáng sǎn 26
折刀 zhé dāo 10
针织套衫 zhēn zhī tào shān 39
枕头 zhěn · tou 31
正餐 zhèng cān 37
蜘蛛 zhī zhū 11
蜘蛛网 zhī zhū wǎng 11
直升机 zhí shēng jī 21
植物 zhí wù 29
纸 zhǐ 29
纸巾 zhǐ jīn 31
纸拉花 zhǐ lā huā 32
纸牌 zhǐ pái 15
指挥塔 zhǐ huī tǎ 21
制作 zhì zuò 42
种子 zhǒng · zi 8
珠子 zhū · zi 14
猪 zhū 25
猪圈 zhū juàn 24
煮鸡蛋 zhǔ jī dàn 36
注射器 zhù shè qì 30
抓 zhuā 42
爪子 zhuǎ · zi 18
砖块 zhuān kuài 8
桌布 zhuō bù 33
桌子 zhuō · zi 5
紫色 zǐ sè 52
自行车 zì xíng chē 13
字母表 zì mǔ biǎo 29
棕色 zōng sè 52
走 zǒu 43
走钢丝演员 zǒu gāng sī yǎn yuán 55
足球 zú qiú 51
钻孔机 zuān kǒng jī 10, 12
嘴 zuǐ 38
嘴唇 zuǐ chún 38
最后的 zuì hòu · de 44
左边 zuǒ · bian 44
坐 zuò 43
做事情 zuò shì · qing 42

图书在版编目（CIP）数据

基础汉语1000词 /（英）希瑟·埃默里著；（英）斯蒂芬·卡特赖特绘；顾晓军译 . -- 北京：北京联合出版公司，2019.5（2019.6 重印）

ISBN 978-7-5596-2968-5

Ⅰ . ①基… Ⅱ . ①希… ②斯… ③顾… Ⅲ . ①汉语—词汇—对外汉语教学—儿童教育—教学参考资料 Ⅳ . ① H195.4

中国版本图书馆 CIP 数据核字 (2019) 第 038573 号

基础汉语 1000 词

著　　者：[英] 希瑟·埃默里
绘　　者：[英] 斯蒂芬·卡特赖特
译　　者：顾晓军
选题策划：后浪出版公司
出版统筹：吴兴元
特约编辑：顾晓军
责任编辑：夏应鹏
营销推广：ONEBOOK
装帧制造：墨白空间·张莹

北京联合出版公司出版
（北京市西城区德外大街 83 号楼 9 层　100088）
北京盛通印刷股份有限公司印刷　新华书店经销
字数 10 千字　889 毫米 × 1194 毫米　1/16　4 印张
2019 年 5 月第 1 版　2019 年 6 月第 2 次印刷
ISBN 978-7-5596-2968-5
定价：39.80 元

后浪出版咨询(北京)有限责任公司 常年法律顾问：北京大成律师事务所　周天晖 copyright@hinabook.com